本书的出版受到北方工业大学文法学院、
北京社会治理法治研究会的资助。

社会治理法治理论与实践丛书

POST-EVALUATION OF ADMINISTRATIVE NORMATIVE
DOCUMENT: PRINCIPLES AND TECHNIQUES

行政规范性文件后评估

原理与技术

周睿志　等著

中国政法大学出版社

2023·北京

图书在版编目（CIP）数据

行政规范性文件后评估：原理与技术/周睿志等著. —北京：中国政法大学出版社，2023.7
ISBN 978-7-5764-1032-7

Ⅰ.①行… Ⅱ.①周… Ⅲ.①国家行政机关－文件管理－评估－研究－中国 Ⅳ.①D630.1

中国国家版本馆 CIP 数据核字(2023)第 144469 号

出 版 者	中国政法大学出版社
地　　址	北京市海淀区西土城路 25 号
邮寄地址	北京 100088 信箱 8034 分箱　邮编 100088
网　　址	http://www.cuplpress.com (网络实名：中国政法大学出版社)
电　　话	010-58908586(编辑部) 58908334(邮购部)
编辑邮箱	zhengfadch@126.com
承　　印	固安华明印业有限公司
开　　本	720mm×960mm　　1/16
印　　张	11.5
字　　数	210 千字
版　　次	2023 年 7 月第 1 版
印　　次	2023 年 7 月第 1 次印刷
定　　价	69.00 元

序

行政规范性文件是法律体系的毛细血管，又是政府活动、行政执法的重要依据。在政府法治实践中，行政规范性文件质量的高低不仅决定着政府活动的效能，也决定着相关执法行为是否具有合法性。在很多情况下，由于行政规范性文件本身存在问题，引发了一系列的行政矛盾和行政纠纷。

对行政规范性文件在实施之后展开评估，从积极的方面看，可以及时优化公共政策体系，提升基层治理的品质；从消极的方面看，则可以从源头预防行政矛盾和行政纠纷。我们可以把行政规范性文件后评估视为优化基层治理、提升政府法治水平的重要措施。

从属性上看，行政规范性文件后评估可以归属到公共政策评估的范畴。它是公共政策评估的一种子类型。就渊源来说，公共政策评估起源于西方国家，已经具有一百多年的实践历史。在一百多年的实践过程中，公共政策评估的内涵不断丰富，方法技术也不断完善。它使公共政策体系尤其是法律法规体系成了可衡量、可测评的体系。在我国，从新中国成立初期开始，我们就对一些重大项目和重大政策进行过评估。改革开放后，公共政策评估被进一步推广。党的十八大以来，公共政策评估快速发展，尤其是法律法规、规范性文件的后评估异军突起。我们可以从以上这一历史源流来把握本书的主题。

对于行政规范性文件后评估而言，我们需要进行一种俯瞰式的总览。一方面，行政规范性文件后评估在实践层面迅速发展，但另一方面，对行政规范性文件后评估的理论研究则较为薄弱。这种状况，导致行政规范性文件后评估实践主要在经验层面摸索，理论研究的薄弱使后评估实践品质受到很大制约。本书就是在这种语境下开始撰写的。

过去一年多时间，周睿志博士带着他的研究团队，一边展开具体的规范性文件后评估工作，一边展开相关的理论研究。他们边干边学，不仅顺利完成了北京市40多份行政规范性文件的评估，还系统掌握了行政规范性文件后评估的原理和技术。周睿志博士力图通过这本专著，切实推进目前的行政规范性文件后评估实践。

周睿志博士在中国政法大学完成了博士学业和博士后研究，于2020年初加盟北方工业大学法学团队。他的加盟，为北方工业大学法学团队注入了鲜活的力量。三年多来，他一方面坚持自身的高远理论情怀，另一方面，俯下身段扎扎实实进行具体问题研究，到目前，他深厚的理论积淀和切身的实践经验已经开始产生"化合反应"，身上的学术潜力开始转换为高质量的学术成果。作为他的老师和领导，我对周睿志博士充满期待。

北方工业大学法学团队针对首都社会法治、城市治理两大重点议题，扎实研究、扎实奋斗，逐渐形成了一批具有代表性的成果。期望和学界同仁和实务界同志一起分享我们的研究成果。

是为序！

刘泽军

北方工业大学文法学院院长

北京社会治理法治研究会会长

目 录
CONTENTS

■ 下篇：技术

　　中国特色社会主义法治建设进入了新时代。为了落实全面依法治国的部署，在法治的轨道上推进国家治理体系和治理能力现代化，当代中国法治领域推进了一系列重大工程，比如立法权下放、司法体制改革、行政执法权下沉、法律法规的合宪性审查、重大行政决策的合法性审查、行政规范性文件的备案审查等。其中，行政规范性文件实施后评估作为一项全面检验规范性文件质量和实施效果的内部监督制度，不仅可以实现行政规范性文件合法性、合理性、效能性的监控，避免规范性文件损害公民权益；还可以系统总结规范性文件的经验，发现地方法治建设特色亮点，为中国治理积累经验，推动规范性文件的制定、实施更加主动化、自觉化。可以认为行政规范性文件后评估制度在加强基层法治建设，促进国家法治统一和治理能力现代化，完善政府内部监督以及政策体系自我革新中发挥着重要作用。

　　目前我国的行政规范性文件后评估处于"普遍展开，尚未发力"的阶段。所谓"普遍展开"，是指从中央到地方已经部署和展开了对行政规范性文件的后评估工作，一些部门和地方还建立了后评估的制度机制。而所谓"尚未发力"，则是指这项工作虽然已经普遍展开，但其水平和质量还不高，工作效能和价值还没有充分发挥出来。亟待学术界对它加以认真研究，以助推实践不断发展。自 2022 年以来，笔者先后主持北京市两个区的三项行政规范性文件后评估项目，对 42 份行政规范性文件进行了评估。笔者带领团队成员一边实践一边摸索，一边学习一边反思，顺利完成了这些评估任务。

2023 年年初，笔者受聘担任北京政府法制研究会"习近平法治思想北京实践研究专家小组"副主任，协助专家小组的张培莉主任组织北京全市范围内政府规章后评估工作状况与发展远景的调研，进一步对行政规范性文件、规章的后评估进行研究。

在这些实践的基础上，笔者对于行政规范性文件、政府规章等的后评估原理和技术有了初步的把握。于是，便有了撰写一部专著的想法。

笔者带领研究团队，对行政规范性文件后评估专题进行了系统学习，以切身的实践经验为基础，结合习近平法治思想的基本要求，编撰了这本书。笔者力图通过这本书，为轰轰烈烈的行政规范性文件后评估工作提供一些理论和技术参考。

在具体撰写过程中，团队成员高姗姗、杨一果、刘昊江、刘立、王学欢、看着拉毛（藏族）参与了本书相关内容的撰写，他们同时还在后期修改的过程中参与了集体打磨工作。这本书是我们这个团队的集体成果。

本书的出版得到了北方工业大学文法学院、北京社会治理法治研究会的资助。在研究过程中，北京市司法局、北京市顺义区司法局、北京市石景山区司法局、北京市石景山区科学技术委员会、北京市石景山区经济与信息化局提供了重要帮助。

本书是在北方工业大学文法学院院长刘泽军教授和副院长王海桥教授的关怀与鼓励下写成的。这本书的出版，也是我们这个团队向两位尊敬的领导和前辈的一份致意！

上　篇

原　理

第一章

行政规范性文件后评估的概念

党的十八大以来，中国法治建设进入"内涵式发展"的新阶段，在这一阶段，如何使法律价值转化为现实的社会价值、如何使法律规范转化为现实的社会秩序成了法治建设的重点议题。围绕这一阶段的使命和任务，当代中国法治领域推进了一系列重大工程，比如立法权下放、司法体制改革、行政执法权下沉、法律法规的合宪性审查、重大行政决策的合法性审查、行政规范性文件的备案审查等。其中，行政规范性文件实施后评估（以下简称"规范性文件后评估"）是近年来我国各地普遍推进的一项较为新鲜的法治建设项目，虽然其起步较晚，但是对于完善我国行政规范性文件法制监督体系、提升我国行政法治水平、全面推进依法治国等具有重要意义。

第一节　行政规范性文件的内涵与外延

在我国唐代，封建法律就有律、令、格、式之分；现代法律则有宪法、法律、法规、条例、规章、命令等。在我国，根据《宪法》[1]和《立法法》规定的立法体制，按照立法机关创制法律权限的不同，我国的法律位阶共分为六级，它们从高到低依次是：宪法、基本性法律、一般法律、行政法

---

[1]　本书涉及我国法律直接使用简称，省去"中华人民共和国"字样，全书统一，后不赘述。

规、地方性法规和行政规章。规范性文件不同于一般意义上的法律，是各级机关、团体、组织制发的各类文件中最主要的一类，因其内容具有约束和规范人们行为的性质，故名为行政规范性文件。

一、规范性文件的界定

规范性文件的界定，即判断哪些属于规范性文件，常常表现为一种"规范性文件是什么"的提问。要想准确地界定规范性文件，首先需要掌握规范性文件的内涵。通常，对于规范性文件的理解分为广义和狭义两种情况。广义上的规范性文件，一般是指属于法律范畴（即宪法、法律、行政法规、地方性法规、自治条例、单行条例、国务院部门规章和地方政府规章）的立法性文件和除此以外的由国家机关和其他团体、组织制定的具有约束力的非立法性文件的总和。狭义上的规范性文件，是指法律范畴以外的其他具有约束力的非立法性文件，当前这类非立法性文件的制定主体非常多，例如各级党组织、各级人民政府及其所属工作部门、人民团体、社团组织、企事业单位、人民法院、人民检察院等。本书采取狭义的理解立场。行政规范性文件，是指除行政法规和规章外，行政机关及法律法规授权的具有管理公共事务职能的组织，在法定职权范围内依照法定程序制定并公开发布的针对不特定的多数人的，涉及或影响公民、法人及其他组织权利义务的，在本行政区域或其管理范围内具有普遍约束力的，在一定时间内相对稳定且能反复适用的行政措施、决定、命令等。

根据 2012 年 7 月 1 日起施行的《党政机关公文处理工作条例》，国家行政机关公文名称共分为 15 种，分别是决议、决定、命令（令）、公报、公告、通告、意见、通知、通报、报告、请示、批复、议案、函、纪要[1]。

（1）决议。它是 2012 年修订的《党政机关公文处理工作条例》中新增的正式公文文种，是指党的领导机关就重要事项，经会议讨论通过其决策，并要求进行贯彻执行的重要指导性公文。

---

[1] 参见《党政机关公文处理工作条例》（2012 年）第 8 条。

（2）决定。它是适用于对重要事项作出决策和部署、奖惩有关单位和人员、变更或者撤销下级机关不适当的决定事项的公文〔1〕。决定具有权威性、指导性、稳定性和长远性的特点，其可以作为行政规范性文件制定的依据。

（3）命令（令）。它是国家行政机关及其领导人发布的指挥性和强制性的公文，适用于公布行政法规和规章、宣布施行重大强制性措施、批准授予和晋升衔级、嘉奖有关单位和人员等情形。

（4）公报。它是国家、政府、政党、团体或其领导人所发表的关于重大事件或会议经过和决议等的正式报道，也有以会议的名义发表的公报。公报适用于公布重要决定或者重大事项。

（5）公告。它是指政府、团体等对重大事件当众正式公布或者公开的宣告、宣布。国务院 2012 年修订的《党政机关公文处理工作条例》对公告的使用表述为："适用于向国内外宣布重要事项或者法定事项"，其中包含两方面的内容：一是向国内外宣布重要事项，公布依据政策、法令采取的重大行动等；二是向国内外宣布法定事项，公布依据法律规定告知国内外的有关重要规定和重大行动等。〔2〕

（6）通告。它是指适用于在一定范围内公布应当遵守或者周知事项的周知性公文。通告的使用面比较广泛，一般机关、企事业单位甚至临时性机构都可使用，但强制性的通告必须依法发布，其限定范围不能超过发文机关的权限。

（7）意见。它是指对重要问题提出的见解和处理办法，是上级领导机关对下级机关部署工作，指导下级机关工作活动的原则、步骤和方法的一种文体。

（8）通知。它是各级党和政府的部门、机关、单位向下级机关、部门、单位或工作人员传达上级指示时所常使用的一种公文样式。

---

〔1〕　参见《党政机关公文处理工作条例》（2012 年）第 8 条。
〔2〕　参见《党政机关公文处理工作条例》（2012 年）第 8 条。

（9）通报。它适用于表彰先进、批评错误、传达重要精神和告知重要情况。

（10）报告。它是指下级对上级有所陈请或汇报时所作的口头或书面的陈述。报告适用于向上级机关汇报工作、反映情况，回复上级机关的询问等。

（11）请示。它是指下级向上级请求指示、批准的公文。

（12）批复。它是指上级机关答复下级的请示事项时使用的文种，是机关应用写作活动中的一种常用公务文书。

（13）议案。它适用于各级人民政府按照法律程序向同级人民代表大会或者人民代表大会常务委员会提请审议事项。

（14）函。它适用于不相隶属机关之间商洽工作、询问和答复问题、请求批准和答复审批事项。

（15）纪要。它适用于记载会议主要情况和议定事项。

行政规范性文件的名称，可以用"决定""通告""意见""通知"等。值得注意的是，"批复"通常是上级机关答复下级的请示事项，若未公开发布，则属于机关内部指导性文件。

在实践认定中，要注意规范性文件与规章的区别。规章主要是指国务院组成部门及直属机构，省、自治区、直辖市人民政府及设区的市和自治州人民政府，在它们的职权范围内，为执行法律、法规而制定的文件。规章属于广义的"法律"的一种，其与规范性文件的区别主要在于：其一，两者的制定主体不同。规章由国务院部门或省市政府制定，行政规范性文件则各级政府和县级以上政府部门均有权制定；其二，两者的效力不同。规章的效力高于规范性文件的效力。

规范性文件的政策性、法制性都很强。它虽然不属于法的范畴、不能够位列我国法制体系之内，但它大量存在于行政管理活动之中，与行政立法、国家政策有着天然的、紧密的联系。可以说，规范性文件是法律、法规和规章等法律文本的细化、补充和延伸，是保证国家法律法规和公共政策能够更好地付诸实施的重要载体。

二、"红头文件"是否就是行政规范性文件

"复婚不准操办酒席""双方均为再婚的不准操办酒席""违者礼金一律没收"……这些充满强制性色彩的规定是贵州某县的县委办公室、县政府办公室印发的规范管理县辖区内所有城乡居民操办酒席的"红头文件",文件一经曝出,便引发广泛质疑:什么是"红头文件"?"红头文件"是不是行政规范性文件?"红头文件"可以规定哪些内容?[1]

"红头文件"是指除法律、行政法规、地方法规、行政规章以外的国务院部门、县级以上人民政府及其部门、乡镇人民政府发布的相关规定,也包括各级党委、人大、政协所出台的各种政策性文件、决定、意见等。有的观点认为,"红头文件"是规范性文件的一种通俗化的、形象化的称谓,它并非法律用语,因往往套着象征权威的"红头"而得名。这一词汇虽然在我国宪法、立法法、组织法中都未出现,但是近年来在一些媒体用语中被频繁使用。由于文首列有红色字样的机关名称、文尾盖着公章,"红头文件"在公众印象中有着很强的权威性。严格来说,"红头文件"与规范性文件的概念并非完全等同。"红头文件"主要是指行政机关制定的具有急迫性的文件,它要处理的事项往往较为紧急;而一般规范性文件并不具有急迫性特征。在此意义上讲,规范性文件涉及的范围不完全等同于"红头文件"。

"红头文件"作为民间俗语,有其独特的话语指涉。有的"红头文件"属于行政规范性文件,有的则不属于。我们需要结合其具体内容进行严格辨析。

三、规范性文件的制定与监管被纳入国家制度性安排

2018 年 5 月,国务院办公厅印发《关于加强行政规范性文件制定和监

---

〔1〕 郝迎灿、许诺:"规范性文件,期待更规范",载《人民日报》2017 年 2 月 7 日。

督管理工作的通知》，就加强行政规范性文件制定和监督管理工作提出了明确要求。

该通知指出，制发行政规范性文件是行政机关依法履行职能的重要方式，直接关系群众切身利益，事关政府形象。加强行政规范性文件制定和监督管理工作，对全面贯彻习近平新时代中国特色社会主义思想和党的十九大精神，落实党中央、国务院关于深入推进依法行政、加快建设法治政府的部署和要求，切实保障群众合法权益，维护政府公信力具有十分重要的意义。

该通知提出，要严格依法行政、切实防止乱发文件。一是严禁越权发文。坚持法定职责必须为、法无授权不可为，严格按照法定权限履行职责，严禁以部门内设机构名义制发行政规范性文件。严格落实权责清单制度，行政规范性文件不得增加法律、法规规定之外的行政权力事项或者减少法定职责；不得设定行政许可、行政处罚、行政强制等事项，增加办理行政许可事项的条件，要求出具循环证明、重复证明、无谓证明的内容等。二是严控发文数量。严禁重复发文，对内容相近、能归并的尽量归并，可发可不发、没有实质性内容的文件一律不发，严禁照抄照搬照转上级文件，以文件"落实"文件。

该通知明确，要规范制发程序、确保文件合法有效。一是加强制发程序管理，健全工作机制，完善工作流程，确保规范性文件制发工作规范有序；二是对有关行政措施的预期效果和可能产生的影响要认真评估论证；三是除依法需要保密的外，对涉及群众切身利益的文件，要公开征求意见；四是完善行政规范性文件合法性审核机制，未经合法性审核或者经审核不合法的，不得提交集体审议；五是坚持集体讨论决定制度，防止违法决策、专断决策、"拍脑袋"决策；六是行政规范性文件在通过或批准之后，及时公开发布。

该通知强调，要加强检查监督，严格责任追究。发现存在侵犯公民、法人和其他组织合法权益，严重损害政府形象和公信力的，依法依纪追究有关人员责任。健全行政规范性文件备案监督制度，做到有件必备、有备必审、有错必纠。完善行政规范性文件动态清理工作机制，及时对本地区、本部门行政规范性文件进行清理。充分发挥政府督查机制作用，将行政规范性文件制定和监督管理工作纳入法治政府建设督察的内容。

第二节　行政规范性文件后评估的界定

规范性文件同其他法律一样，也是一定社会关系的体现，总要与社会关系相协调，否则便失去了自身的价值。规范性文件后评估，顾名思义，就是对规范性文件实施一段时间后按照一定的标准对该规范性文件进行评估，以检验其是否符合现实社会的需要。我国目前尚未对规范性文件后评估的概念作出统一的界定。有的定义认为："规范性文件后评估，是指规范性文件实施后，依照规定的程序、标准和方法，对其政策措施、执行情况、实施效果、存在问题及其影响因素进行客观调查和综合评价，提出完善制度、改进管理的意见的活动。"[1]有的定义认为："规范性文件后评估，是指市政府规范性文件实施后，依照本办法规定的程序、标准和方法，根据合法性、合理性、可操作性、实效性等标准，由有关机关对其政策措施、执行情况、实施效果、存在问题及其影响因素进行客观调查和综合评价，提出完善制度、改进管理的意见的活动。"[2]有的定义认为："行政规范性文件后评估，是指在行政规范性文件实施一定时间后，制定单位按照规定程序和方法，对行政规范性文件的内容、实施成效、存在问题等进行调查分析与综合研判，形成评估结论并提出相应处理意见的活动。"[3]本书认为，所谓行政规范性文件后评估，是指行政规范性文件发布实施一定时间后，根据经济社会发展和治理工作的需要，按照一定程

---

〔1〕　参见《国土资源部规章和规范性文件后评估办法》第3条。
〔2〕　参见《濮阳市人民政府规范性文件后评估办法》第2条。
〔3〕　参见《北京市石景山区行政规范性文件备案审查与后评估工作规定》第14条。

序、标准对其制定过程、文本质量、实施绩效、存在问题、取得经验等方面进行调查、分析和评价，总结文件实施经验，并以此为基础推动行政规范性文件立、改、废，推动行政规范性文件升格为规章法规，推动相关政策体系优化和推动法治教育培训的工作。

一、规范性文件后评估的特征

（1）评估对象的特定性。规范性文件的评估对象通常是指实施了一定期限或存在一定状况的现行有效的规范性文件。

（2）评估主体的特定性。评估主体是指组织、实施、参与规范性文件实施效果评估的个人、团体或组织。评估主体通常依据法律、上级政策或者相关授权规定来确定。在实践中，承担这一责任的主体主要包括政府法制机构、政策制定实施机构或者是专业的第三方评估机构等。

（3）评估标准的具体性。根据目前各地的评估制度，评估标准主要包括：其一，合法性评估。主要评估制定规范性文件所依据的上位法被废止或修订后，是否需要及时修订。其二，合理性评估。主要评估行政机关的权力与责任是否相当，公民权利与义务是否相对应，行政管理措施是否必要、可行、适当，是否公开、公平、公正。其三，协调性评估。主要评估与同位阶的其他行政规范性文件是否冲突，各项制度之间是否互相衔接。其四，可操作性评估。主要评估是否具体可行，能否解决行政管理中的具体问题，管理措施是否高效、便民，程序是否正当、简便、易于操作。其五，绩效性评估。主要评估规范性文件颁布后学习宣传、配套制度建设、实施总体情况，是否得到普遍遵守和执行，是否实现预期目的，实施取得的社会效益和经济效益以及贯彻执行的成本效益分析，社会各界反映情况，实施过程中存在的问题和对策建议，该规范性文件是否继续执行，或者需要修改或废止。其六，制定技术规范性。主要评估体例结构和文字表述等是否规范，逻辑结构是否严密，是否影响到文件的正确、有效实施等。本文结合具体的评估实践经验，提出十三项更加细化了的评估标准，参见本书第八章。

（4）评估程序的严格性。规范性文件后评估是对所评估的规范性文件作出评价，这种活动也应当根据一定的程序进行，这是保障评估活动有序进行并取得应有实效的客观需要。慎重地对待规范性文件后评估程序，科学合理地进行工作安排，是顺利开展评估工作的前提。

西方学者对政府绩效评估进行过许多研究，这些研究对我国所进行的相关评估工作具有参考价值。例如，美国行政学学者马克·霍哲教授认为："一个良好的绩效评估程序应包括鉴别要评估的项目、陈述目的并界定所期望的结果、选择衡量标准或指标、设置业绩和结果（完成目标）的标准、监督结果、业绩报告和使用结果和业绩信息七个基本步骤。"[1]我国行政学学者彭国甫教授认为政府绩效评估应当分为三个阶段：前期准备阶段、评估实施阶段和结果运用阶段，并且认为前期准备阶段包括确定评估项目与制定评估方案，评估实施阶段包括参照评估指标体系和评估标准、全面收集有关信息、对信息进行处理及作出评估结论，而结果运用阶段主要是指运用绩效评估结果改进财政预算、公共政策、公共责任、人员管理、部内合作、公共服务、发展规划等[2]。也有学者认为地方政府绩效评价的基本程序应当包括准备阶段、评价实施、报告公示阶段、评价结果运用阶段和全程监督五个阶段[3]。根据我国近年来对规范性文件进行后评估的实践经验，开展规范性文件后评估应当确定下列程序作为评估的基本程序，即规范性文件后评估包括普通程序（又称一般程序）和简易程序两种。普通程序分为评估的准备、实施和结果运用三个阶段。评估准备阶段包括下列内容：拟定评估计划、评估动议、制定评估工作方案、成立评估工作小组、确定评估具体时间、送达相关文书、制定评估的调研提纲、设计具体的评估调查问卷表等；评估实施阶段是评估的中心环节，其主要包括：收集评估信息、整理与分析评估信息并作出初步的评估结论、

〔1〕 ［美］马克·霍哲："公共部门业绩评估与改善"，张梦中译，载《中国行政管理》2000年第3期。

〔2〕 彭国甫："地方政府绩效评估程序的制度安排"，载《求索》2004年第10期。

〔3〕 崔丹丹："环环相扣——浅谈绩效评估程序的完善"，载《甘肃农业》2006年第11期。

提交评估报告等；评估结果运用阶段主要是根据评估结论对相关规范性文件进行相应的立、改、废及对相关机关与人员进行问责，另外，还包括将评估报告用于法治教育等。对于争议不大，在实施过程中没有产生明显的不良影响，且对规范性文件所进行的是正常的年度评估的，可以采取简易程序实施评估。在采用简易程序进行评估时，要确保基本的程序正义，从而才能保证评估结果的科学与公正。

二、规范性文件后评估的必要性

发布规范性文件是各级政府机关进行行政管理活动的重要手段，但是由于其数量繁多、层次多样、种类繁杂，从而存在着杂、乱、多、不规范等问题，有的甚至出现任意设定处罚、许可等现象。因此，加强对问题规范性文件的监控已成为当务之急，开展规范性文件后评估便是其中一种重要监控方式。

（1）规范性文件后评估是更新政府管理理念的需要。规范性文件后评估是在政府治理现代化与治理创新背景下所进行的革新政府管理理念的一项内容，它要求在先进行政管理理念的指导下正确理解和界定规范性文件后评估，使该项评估工作促进法治统一、优化政府治理。

（2）规范性文件后评估是解决问题规范性文件的需要。实践中，规范性文件有的违反相关法律规定，有的相互之间不一致，有的"废改随意"，等等。这既影响了规范性文件本身的权威性，也削弱了行政机关在民众中的公信力，更损害了公民、法人或其他组织的合法权益。例如，《中国青年报》2002 年 1 月 9 日、11 日连续报道，中国人民银行成都市分行年初在媒体上刊载招聘通知，对报考职员的身高作出限制性规定，要求男性身高不得低于1.68 米，女性身高不得低于 1.55 米，引发四川大学一位副教授代理求职学生提起诉讼，状告该分行的招聘通知侵犯了《宪法》规定的平等权[1]。虽

---

[1] 宋晓玲、刘一雅："论行政规范性文件的缺陷及矫治"，载《甘肃政法学院学报》2011年第 3 期。

然行政机关采取了许多措施对规范性文件进行监控，例如备案审查、行政复议附带审查、定期清理等，但这一问题始终未能得到充分解决。对规范性文件进行后评估可以对问题文件实施全面的检测，从而充分暴露和解决各种问题。

（3）规范性文件后评估是构建责任政府的必然需要。根据政治学基本原理，责任政府包括三个方面的内容：其一，责任政府意味着政府能积极地满足和实现公民的正当要求；其二，责任政府要承担道德的、政治的、行政的、法律上的责任；其三，责任政府意味着要有一套对政府的控制机制。责任政府的建立、行政问责制的推行，就是要确立"结果导向的责任政府"理念，政府的主管部门要对自己的行政行为负责[1]。规范性文件后评估实际上就是通过事后评估，对文件质量、文件实施效果、文件实施所取得经验等进行全面的审视，从而推进政府责任理念的落实。

三、规范性文件后评估的效力

规范性文件后评估的整个过程实际上就是一个"求真""求善""求美"的过程。"求真"要求在评估过程中尊重客观事实，准确收集一手评估资料与数据；"求善"要求评估的结果应当全面反映规范性文件存在的问题与缺陷，并提出适当的建议，以供相关行政机关改进工作；"求美"要求根据评估报告所提出的评估意见对规范性文件进行完善，使规范性文件在形式和内容上都趋于完美。

然而，能否真正做到"求真""求善""求美"，就要看如何应用后评估结果与如何设置后评估报告的效力了。

在实践中，后评估结果一般用来支撑行政规范性文件的立改废工作，以及支撑相关政策优化和法治教育工作。对于后评估报告所包含的评估结论，有的地方规定了强制性效力，要求相关机关必须根据评估结论进行相关文件的立改废；有的地方则仅仅只规定了评估结论的参考性效力。

---

〔1〕　参见何凤秋：《政府绩效评估新论》，中国社会出版社 2008 年版，第 40 页。

第三节 相邻概念之一：立法后评估

立法后评估，是指在某一法律实施了一段时间后对其实施效果、所起作用等进行的评估，是一种事后的立法评价。通过立法机关自身评估与社会公众等主体的评估相结合，采取座谈、研讨、论证、评议等方式，对立法实施后的社会效果、制度缺陷等问题作出评估分析，进行总结评价，旨在发现问题，改进制度，完善程序，促进立法质量的提高。[1]在中国特色社会主义法律体系形成后，提高立法质量成为立法的重大主题，由此需要开展立法后评估活动，并使之规范化和制度化。立法后评估，又称"立法回头看""立法质量评价""立法效果评估"，是 21 世纪初从地方人大实践中兴起的事物。近几年来，立法后评估逐渐得到各级立法机关的重视，从中央到地方，该项活动正在蓬勃开展。

一、立法后评估的特征

（1）可以很好地检验立法质量。一部法律的质量究竟如何，最终要看法律的实施效果，看它满足所调整的社会关系的程度和深度以及守法、执法和司法适用的成本和效率。正如美国社会法学家庞德所说："法律的生命在于它的适用和生效。"[2]立法质量好不好，归根到底还要看其适用情况，看其是否经受得住实践的考验，达到预期的目的。通过开展立法后评估，可以达到检验立法质量的效果。

（2）涉及对象的特殊性。正如有学者所言，"立法后评估"虽不是立法，但却是为立法服务的，是立法活动的某种延续。其行为主要的目的是为文件修改、废除乃至重新制定提供切实的参考意见。正是从这样一个角

---

[1] 参见《大辞海》"立法后评估"词条。

[2] ［美］罗斯科·庞德：《法理学》（第 1 卷），余履雪译，法律出版社 2007 年版，第 287 页。

度说，它甚至可被视为立法的一部分，是立法的一种自然延伸。

把握立法后评估的特征，需要与一些概念相区别：

第一，与执法检查的区别。执法检查是近些年来在实践中探索发展起来的把工作监督和监督法律的实施结合起来的一种形式，是地方国家权力机关对宪法、法律、法规等在本行政区域贯彻执行情况进行检查监督的制度。执法检查作为各级人大常委会行使监督职权的一种形式，针对的是法律、法规实施中存在的问题，目的是促进"一府一委两院"严格实施法律。立法后评估针对的是法律、法规所确立的制度与规范，通过法律、法规的实施情况与效果的检视，反思评价立法是否实现了预期目的和宗旨，立法所确立的制度和规范是否科学，是否符合实际。由于两者都需要借助对法律、法规实施情况的了解以获得所需信息，因此需要注意将两者区别开。从理论上说，一份全面、系统的执法检查报告应包含对立法进行质量评估的内容。实践中，也有将立法后评估与执法检查结合起来开展的做法。

第二，与法律法规清理的区别。法律法规清理，是指有关国家机关对一定时期制定的或一定范围内的法律法规文件从体系和内容上进行审查分析，并作出继续适用、需要修改补充或需要废止决定的活动〔1〕。二者相同之处在于，它们都是发生在立法后，通过对法律法规内容的分析审查，提供立法进一步完善的实践依据。但是法律法规清理该概念侧重对法律法规本身的处理，而立法后评估则侧重对法律法规进行问题研判。实践中，可以把立法后评估当作法律法规清理的准备性工作，自觉将评估与清理结合起来，使评估的效能得以充分发挥。

二、规范性文件后评估与立法后评估的区别

规范性文件后评估与立法后评估都属于相关文件实施之后进行评估的

---

〔1〕　参见汪全胜：《立法效益研究——以当代中国立法为视角》，中国法制出版社 2003 年版，第 129 页。

范畴。但是，由于评估的对象不同，评估活动的其他方面也有差异。

（1）实施主体不同。除了第三方外，立法后评估主体包括人大、政府和党委机关，而行政规范性文件的评估主体则主要是行政机关。

（2）程序不同。法律、法规和规章权威性强，其制定的程序较为严格，立法后评估作为立法的后续工作，其程序也较为严格。而规范性文件，无论是作为法律、法规和规章配套的"细化性"文件，还是法律真空处的"探索性""试点性"文件，其"及时性""可操作性"是其存在的重大价值，因此，规范性文件后评估程序，较立法后评估而言，具有简便灵活、讲究实效的特点。

第四节　相邻概念之二：重大行政决策后评估

行政决策是政府管理的重要方式，它贯穿于行政管理的各个方面。行政管理有其内容广泛的社会职能，包括政治、经济、文化等领域，无论是履行综合性的还是各种专门性的行政管理职能，都离不开行政决策。行政决策的失误会导致行政管理的失败，其结果会给社会公众造成损害。而重大行政决策则是政府行政管理关键的一部分，由于其具有区别于一般行政决策的特征，即决策事项影响的重大性和广泛性，若是重大行政决策出现失误，造成的损害更大。这才有"决策失误比腐败更可怕"的说法。

重大行政决策后评估，是指在重大行政决策实施后，决策机关定期组织有关部门、社会组织和专家对决策执行情况和决策效果进行评估，对决策实施过程中可能出现的问题及时提出修正意见，并向社会公布。重大行政决策后评估是一种事中和事后的评估，它既对决策执行机关的执行情况进行监督检查，也对重大行政决策的效果进行检验和评价。

一、重大行政决策后评估的特征

（1）主体的特定性。政府作为一个具有法律人格的机构实体享有行政决策权，然而一旦进入后评估的程序阶段，那么政府主体身份则发生了相应的变化，原来的决策主体在后评估程序中就成为被评估的对象。关于重大行政决策后评估的主体目前尚无统一的定论，实践中可以让专门的研究机构对地方政府重大决策进行后评估，也可以组成相关的专家委员会对地方政府重大行政决策进行后评估，还可以由多方组成的联合主体作为评估的执行机构等。[1]

（2）内容的特定性。一方面，它所涉及的内容是地方政府的重大行政决策。在这里必须突出该决策的特性就是它的重大性。虽然目前我国法律对"重大决策"还没有作出界定，但是我们常常可以用一个决策所产生的对经济、政治、文化、社会的影响及其程度对其进行识别。

（3）方式的特定性。重大行政决策的后评估应当有自己独有的方式和手段。在这一过程中，信息技术的引入、数据分析技术的引入、问卷调查等方式的引入都是必不可少的。

二、规范性文件后评估与重大行政决策后评估的区别

规范性文件后评估和重大行政决策后评估都属于文件政策实施之后进行的评估。然而，二者还是存在着差异。

（1）评估对象不同。顾名思义，重大行政决策后评估主要针对政府的重大行政决策行为进行评估，这里的重大行政决策概念语义重点在"重大"上；而规范性文件后评估着眼于政府的规范性文件——亦即"准立法行为"。从行政学和公共管理学意义上讲，行政机关制定规范性文件的过程，也必然包含作出相应政策措施的决策活动，因此规范性文件属于广义的重大行政决策。但是，行政规范性文件是否属于重大决策，理论界还有争议；目前大部分地方在实践中将规范性文件排除在重大行政决策后评估的范围之外。本书也赞同将行政规范性文件和重大行政决策进行区分，毕

---

[1] 参见梁玥："地方政府重大行政决策后评估制度研究"，载《苏州大学学报（哲学社会科学版）》2013 年第 5 期。

竟，前者的语义中心强调政策的可反复适用性和"准立法性"，后者则强调影响的重大性。

（2）评估方式的不同。由于评估对象存在较大差异，二者所适用的评估方式也有很多不同。对重大行政决策进行评估，复杂程度更高，其评估之后的责任确定也更难。它需要我们在实践中进一步摸索，才能形成公正科学的评估方式。

第五节　相邻概念之三：规范性文件备案审查

对规范性文件进行备案审查，是宪法和组织法赋予各级人大及其常委会的一项重要职权，是监督法规定的县级以上各级人大常委会经常性监督工作的一项重要内容，也是人大实施法律监督的具体体现。规范性文件备案审查，是指规范性文件在生效之后，按照法定期限报人大机关备案登记，由接受备案的机关进行分类、存档，在一定期间内，依法对其进行监督审查的活动。

一、规范性文件备案审查的特征[1]

（1）备案审查是抽象审查。备案审查本质上是对规范性文件制定权的监督，监督对象是规范性文件，不是具体的行政行为、监察行为或司法行为。进行备案审查，虽然也需要考量规范性文件的可能实施效果等事实因素，但不以发生具体案件或诉讼为前提。备案审查不处理具体行政案件、监察案件或司法案件，也不处理投诉、检举等。

（2）启动方式的多样性。备案审查的方式主要有：依职权审查，即审查机关主动进行审查，又可以称为法定的主动性审查，它包括登记、统计、存档和审查等工作，是我国主要的备案审查方式；依申请审查，即审

---

[1]　参见梁洪霞："备案审查事后纠错的逻辑基础与制度展开"，载《政治与法律》2022年第9期。

查机关根据有关国家机关或者公民、组织提出的审查建议进行审查；专项审查，即审查机关对特定领域规范性文件进行集中清理和审查。

（3）备案审查是一种特殊的事后监督。备案审查的对象是完成法定制定程序并已经生效的规范性文件。通过备案审查进行的监督不是对规范性文件制定机关的一般性工作监督，也不是对规范性文件制定过程的监督，而是对制定结果的监督。正在起草或者审议过程中的文件草案不适用备案审查。

（4）程序上的严格性。程序是主体实现目标的方式、步骤，是备案审查的形式内容。备案审查的程序指备案审查运行的流程和顺序安排，分为三个主要环节。一是备案程序，这是初步的监督。具体流程是：规范性文件经法定程序制定通过后，由制定机关在规定的期限内向法定机关报送备案，法定机关对报送备案的程序和备案文件的格式标准等按照规定进行形式审查后，对符合要求的予以接收存档，以备查考。二是审查程序，这是进一步的监督。主要是对规范性文件的实体内容进行实质审查，考察其是否在合宪性、政治性、合法性、适当性等方面存在问题，并作出判断评价。三是纠正程序，这是监督的最后步骤。主要是由法定机关向制定机关提出审查意见，由制定机关自行纠正问题，或者由有权机关行使改变、撤销权等监督职权，纠正规范性文件违宪、违法或者不适当的问题。

二、规范性文件后评估与规范性文件备案审查的区别[1]

（1）所涉内容范围不同。一般而言，规范性文件备案审查主要从制定主体是否适格，是否超越制定单位法定职权，是否符合宪法、法律、法规、规章和政策文件，是否违法设定行政许可、行政处罚、行政强制、行政征收、行政收费等事项，是否存在没有法律、法规依据作出减损公民、法人和其他组织合法权益或者增加其义务的情形，是否存在没有法律、法

---

〔1〕　参见全国人大常委会法制工作委员会法规备案审查室：《规范性文件备案审查：理论与实务》，中国民主法制出版社 2020 年版，第 56~57 页。

规依据作出增加本单位权力或者缩减本单位法定职责的情形，是否违反行政规范性文件制定程序等方面进行审查；而规范性文件后评估除了需要评估备案审查所要求的事项外，更重要的是要对规范性文件的实施状况与效果进行评估。从这个意义上讲，规范性文件后评估包含了规范性文件备案审查的内涵。

（2）结论效力不同。此处的效力主要是指评估结论或者备案审查结果针对于公权力主体所具有的约束力。备案审查会产生终止规范性文件实际效力的后果。有权机关通过备案审查可以对同上位法相抵触或者不适当的规范性文件予以纠正，通常处理方式是修改或者废止该规范性文件，或者宣布该规范性文件不再适用。而评估结论通常不具有要求制定机关修改相关规范性文件的效力，实践中，多地只规定行政规范性文件制定与实施机关应当参考评估结论，对相关文件做出处理。

除此以外，人大及其常委会对规范性文件的备案审查，主要涵盖同级政府制发的文件；而后评估制度则不仅涵盖同级政府制发的文件，还包括政府部门甚至下级政府所制发的文件。

总之，人大系统的备案审查制度，具有较高权威，能直接决定被审查文件是否生效，是否需要修正；而后评估制度，权威性相对较弱，它更强调对政策文件及其实施的专业性测评。

第二章

行政规范性文件后评估的探索历程

在我国与"规范性文件后评估"最相似的制度是"立法后评估"。"立法后评估"中的"法"是指法律、法规、规章等立法文件，是广义的规范性文件的一部分，且立法后评估施行较早、制度相对完善，可以为规范性文件后评估提供有益借鉴。所以，要全面了解规范性文件后评估的发展历程，对立法后评估的了解必不可少。

第一节 行政规范性文件后评估的渊源——立法后评估

一、立法后评估的发展历程

立法后评估，一般是指在法律法规颁布实施一段时间后，结合法律法规的实施情况，包括取得的成效、存在的问题，对特定的法律法规所进行的评价，目的在于更好地实施、修改、完善被评估的法律法规，并从中总结经验，为开展相关立法提供借鉴和指导。[1]

我国的立法后评估首先出现在行政许可法中。早在 2003 年 8 月 27 日第十届全国人民代表大会常务委员会第四次会议通过的《行政许可法》第 20 条第 1 款和第 2 款规定："行政许可的设定机关应当定期对其设定的行政许可进行评价；对已设定的行政许可，认为通过本法第十三条所列方式

---

[1] 参见舒颖："立法后评估：为高质量立法助力添彩"，载《中国人大》2019 年第 13 期。

能够解决的，应当对设定该行政许可的规定及时予以修改或者废止。行政许可的实施机关可以对已设定的行政许可的实施情况及存在的必要性适时进行评价，并将意见报告该行政许可的设定机关。"

虽然《行政许可法》现已修改，但其中行政许可制定机关、实施机关对设定的行政许可的定期评价依然保留有效。其中评价的内容包括行政许可设定的必要性，对经济和社会的影响，有无替代管理手段等，以决定是否保留或取消该项行政许可。行政许可的定期清理就是这种评估结果的体现。

如果说行政许可法还只是立法后评估的雏形，那么国务院于 2004 年印发布的《全面推进依法行政实施纲要》则首次明确提出了探索建立立法后评估制度。该纲要指出，要积极探索对政府立法项目尤其是经济立法项目的成本效益分析制度。政府立法不仅要考虑立法的过程成本，还要研究其实施后的执法成本和社会成本。由此，探索立法后评估的概念和丰富内涵拉开序幕。

党的十八大以来，以习近平同志为核心的党中央高度重视全面依法治国，习近平总书记多次就坚持和完善人民代表大会制度作出重要论述，要求"抓住提高立法质量这个关键，推进科学立法、民主立法、依法立法，遵循和把握立法规律，使每一项立法都符合宪法精神、反映人民意志、得到人民拥护"。2015 年十二届全国人大三次会议对《立法法》进行了修正，新修正的《立法法》第 63 条规定："全国人民代表大会有关的专门委员会、常务委员会工作机构可以组织对有关法律或者法律中有关规定进行立法后评估。评估情况应当向常务委员会报告。"这是第一次在《立法法》中明确规定了针对国家立法的立法后评估制度。至此，随着立法实践的丰富和发展，立法后评估开展逐步频繁，全国各省初步探索建立了相对固定的评估机制。[1]

---

〔1〕 参见史建三：《地方立法后评估的理论与实践》，法律出版社 2012 年版，第 1~3 页。

二、立法后评估为规范性文件后评估提供的有益借鉴

我国的行政规范性文件后评估制度源于行政立法后评估制度。立法后评估由中央自上而下不断地强力推进并经不断实践，积累了丰富的经验，为行政规范性文件后评估提供了有益的借鉴。

首先，在评估主体方面的借鉴。制定和实施主体自评估模式、第三方评估模式的优缺点经过立法后评估的实践，得到了充分展现。通过总结立法后评估既有的实践经验可以发现，由制定主体或实施主体开展规范性文件自评估具有相当的局限性，制定者和实施者往往很难发现自身的问题，或者发现了问题也缺乏纠正的动力。而由第三方主体实施评估，又会导致评估信息资源受限、评估结论权威性不足等问题。因此，规范性文件后评估可充分借鉴立法后评估的有益实践，综合自评估和第三方评估的优势，建立自行评估与委托评估相结合的多元化评估主体模式，既发挥行政部门的主体优势，又实现第三方主体的"异体监督"。

其次，在评估方法方面的借鉴。立法后评估的方法，不仅仅包括法学方法，还包括社会学、经济学、统计学、管理学等学科方法的综合使用。[1]其中社会学分析方法包含了文献分析、调查问卷、座谈会、专家论证会等，经济学方法包含了成本—效益分析、风险评估等，统计学方法包含了定性与定量相结合等。立法后评估多样评估方法的探索，为行政规范性文件后评估提供了有益参考。使后续开展的规范性文件后评估能够打破现有方法的局限，扩大方法库储备。

最后，在评估标准方面的借鉴。"纵观国内外立法后评估制度和我国的立法后评估实践，关于立法后评估标准的构建与设定，主要包括四个评估维度：法律文本质量、立法价值、立法成本与经济效益、法律实施的社会效果。"[2]具体而言，其指标可分为：合法性、规范性、合理性、效能

---

[1]　参见孙波："论行政立法后评估制度的完善"，载《江西社会科学》2020年第11期。

[2]　王称心："立法后评估标准的不同视角分析"，载《学术交流》2016年第4期。

性、可操作性等。由此可见，立法后评估探索的多元评估标准，为后续的规范性文件后评估开展提供了全面系统的有益参考。

第二节　中央对行政规范性文件后评估总体的部署

一、规范性文件后评估的背景

21 世纪初，公共管理领域内的绩效评估理念和方法传入我国，很多政府机关都相继开展了绩效评估活动。此举有效提高了政府效率，推进了依法行政工作，我国的后评估工作也在这个时期开展起来。

2011 年 3 月，在第十一届全国人民代表大会第四次会议上，全国人大常委会时任委员长吴邦国宣布中国特色社会主义法律体系已经形成。经过改革开放 40 多年的集中快速立法，中国的立法已经发展到从"数量型立法"转向"质量型立法"的拐点。[1]如何检验、提高和维护法律体系的质量成为法治建设系统工程中一个迫切需要解决的现实问题。

二、规范性文件后评估的依据

2004 年 3 月 22 日公布施行的国务院规范性文件《全面推进依法行政实施纲要》要求建立和完善规范性文件的定期清理制度。规范性文件施行后，制定机关、实施机关应当定期对其实施情况进行评估。实施机关应当将评估意见报告制定机关；制定机关要定期对规范性文件进行清理。可以看到早在 21 世纪初，国务院便在中央层面规定，规范性文件的制定主体和实施主体负有对规范性文件实施后进行评估的职责。其目的主要是通过规范性文件施行后的评估完善规范性文件清理制度。

而后中央为推进法治政府建设，进一步发布文件明确加强规范性文件的管理。2010 年发布施行的国务院规范性文件《关于加强法治政府建设的

---

〔1〕　俞荣根主撰/主编：《地方立法后评估研究》，中国民主法制出版社 2009 年版，第 4 页。

意见》在"加强和改进制度建设"方面，提出要加强对行政法规、规章和规范性文件的清理。坚持立"新法"与改"旧法"并重。对不符合经济社会发展要求，与上位法相抵触、不一致，或者相互之间不协调的行政法规、规章和规范性文件，要及时修改或者废止。同时，在"坚持依法科学民主决策"中提出："加强重大决策跟踪反馈和责任追究。在重大决策执行过程中，决策机关要跟踪决策的实施情况，通过多种途径了解利益相关方和社会公众对决策实施的意见和建议，全面评估决策执行效果，并根据评估结果决定是否对决策予以调整或者停止执行。"

2018 年发布施行的国务院规范性文件《关于加强市县政府依法行政的决定》在"建立健全规范性文件监督管理制度"方面，提出"严格规范性文件制定权限和发布程序""完善规范性文件备案制度""建立规范性文件定期清理制度。"同时规定"建立重大行政决策实施情况后评价制度。市县政府及其部门作出的重大行政决策实施后，要通过抽样检查、跟踪调查、评估等方式，及时发现并纠正决策存在的问题，减少决策失误造成的损失。"

为全面贯彻习近平新时代中国特色社会主义思想和党的十九大精神，落实中共中央、国务院关于推进依法行政、建设法治政府的部署和要求，切实保障群众合法权益，维护政府公信力，2018 年 5 月 16 日国务院办公厅发布《关于加强行政规范性文件制定和监督管理工作的通知》，其中规定"严格规范性文件制定权限和发布程序、完善规范性文件备案制度、建立规范性文件定期清理制度"。

2021 年中共中央、国务院印发《法治政府建设实施纲要（2021-2025年）》明确"加强对行政规范性文件制定和管理工作的指导监督，推动管理制度化规范化"。

《关于加强法治政府建设的意见》（已失效）、《关于加强市县政府依法行政的决定》《关于加强行政规范性文件制定和监督管理工作的通知》《法治政府建设实施纲要（2021-2025 年）》中不断强调要加强规范性文件的管理，要求行政规范性文件要依法依规执行评估论证、公开征求意见、合法性审核、集体审议决定、向社会公开发布等程序。对于涉及重大行政决策事项的规范性文件更是要遵循重大行政决策的要求对其实施后评价，及时监督和反馈。

第三节　先行开展行政规范性文件后评估的"星星之火"

由于 2004 年的《全面推进依法行政实施纲要》把规范性文件后评估工作的内容放在"建立和完善规范性文件的定期清理制度"的主题之下，文件颁布多年后，大部分地方并没有意识到规范性文件后评估是实现规范性文件清理的重要手段。只有零星的部门、地方开展了规范性文件后评估工作。

一、中央部委率先开展的规范性文件后评估[1]

通过中央各部委官方网站以及"北大法宝"等网络资源搜索发现，大多部委都有关于规范性文件制定、审查、备案等方面的管理规定，但关于规范性文件后评估的专项规定则寥寥可数。通过"规范性文件后评估"的标题进行检索发现，中央各部委专门规定规范性文件后评估工作且现行有效的是 2012 年 2 月 22 日发布的部门规范性文件《中华人民共和国海事局海事法规和规范性文件后评估办法》。

除此之外，便是较早开展后评估工作的国土资源部在 2010 年发布的《国土资源部规章和规范性文件后评估办法》（现已失效）。这是国务院部门中第一个将后评估工作制度化的部门规章。因其开展时间较早且为中央层面开展的规范性文件后评估，为后续地方开展地方规范性文件后评估提供了重要参考，因此本部分对其展开详尽介绍。

----

[1]　本节内容主要参考莫晓辉在"公共政策与立法第三方评估研讨会暨北京城市学院众城智库（城镇化研究院）大会"上所作的主题演讲，2015 年 6 月 7 日。

《国土资源部规章和规范性文件后评估办法》虽然现已失效，但自2011 年、2013 年国土资源部（现为自然资源部，继承了国土资源部的职责，下同）公布施行的部门规范性文件《国土资源部规章和规范性文件后评估计划》以来，对如何进行规范性文件后评估进行了细化，并形成了《国土资源部规章和规范性文件实施绩效报告》。

第一，国土资源部规范性文件后评估实践的尝试。国土资源部作为第一个深入开展规范性文件后评估的部门，很多做法为后续规范性文件后评估提供了有益借鉴。首先，在评估内容方面确立对制度实施的绩效、各项制度设计和规定、制度是否完善这三个方面为评估重点。其既包括了文件本身的制度也包括了实施后的效果，总体上对后评估工作要求把握到位。其次，在评估方法上具有开创性。一是定量评估与定性评估相结合。国土资源部的规范性文件后评估从最开始的文献研究、咨询研讨、书面调研、案例分析这种定性分析到后面统计数据、网上调查及定量研究，特别注重对调查对象的全面与多元。例如：对矿业权出让制度进行后评估时根据细化的评估指标，做正面和负面的赋值和分析，给出具体分值，从而对矿产权出让制度形成直观感知。二是因类施策。国土资源部的规范性文件后评估在评估的时候对实施对象分类，首先了解制度影响到了什么人，然后对其进行分析，再一一听取对此最了解的这部分人的意见。例如，在对矿产权转让制度进行评估的时候，对矿业权人的意见采取召开座谈会的方式，对社会公众采取网上调查的方式，对国土资源部内部的意见则采取实地调研和调查问卷的方式。最后，在评估成果应用方面取得显著成效。后评估绩效报告的遵循的指导思想是化繁为简、突出实效。将评估报告与后期的文件立、改、废、释相结合。例如，国土资源部对土地招拍挂制度的后评估，其评估成果得到了直接应用，为后续出台的《国土资源部关于坚持和完善土地招标拍卖挂牌出让制度的意见》提供了完善工业用地招拍挂制度方面的重要资料。

第二，国土资源部规范性文件后评估制度化的尝试。国土资源部以评估实践为基础，率先制定后评估工作的制度，力求将评估制度、要求在指导意见中落实下来，尝试对后评估的主体、后评估的对象、评估报告发布范围、评估保障方面的焦点问题进行规范。对于评估主体的选择，国土资源部经过与全国人大法制办以及著名的法学家共同研究，从后评估的宗旨和目的的角度思考，认为后评估服务于文件制定，是文件制定活动的延伸，因而采取了谁制定、谁评估的方式，将部里相关司局和有关事业单位作为评估主体。这种方式的好处在于相关司局掌握的信息最充分，握有"立、改、废"的主动权。同时，为了保证评估质量，明确要求司局不能主导后评估工作的结论。后评估报告的发布主体在每年的后评估结束以后，要起草年度的后评估绩效报告，由法规司起草，上报至部，审定以后向一定范围公开。对于后评估对象的选择方面。国土资源部规定规范性文件的选取应基于以下几个方面：一是，选取的规范文件或者具体制度要对构建和促进科学发展的管理新机制有重大影响；二是，选取的规范性文件应是地方政府、主管部门、公民、法人或者其他组织对规章和规范性文件提出意见较多的；三是，选取的规范性文件是拟将上升为规章或者行政法规的。除此之外，办法下发后制度实施满三年、规范性文件实施满一年的，也都要进行后评估。对于后评估报告发布范围的选择，国土资源部考虑到后评估报告会涉及一些敏感性问题不宜在外网发布。为此，当时国土资源部选择在部内网发布。

除此以外，国土资源部在同时进行的规章后评估活动中，也积累了一些可以为规范性文件后评估所参照借鉴的方法。一是设立年度评估计划。正所谓"凡事预则立，不预则废"。从2011年开始国土资源部连续多年制定后评估工作年度计划，并按计划执行，取得了良好的效果。二是细化后评估模式。在2012年以后，国土资源部把后评估计划分成后评估专项项目和自评项目两类。对于专项评估，一般选取一到两个文件或者几项重点制度，严格按照后评估标准规范进行评估。而对于自评项目，则由一些司局对实施满两年的文件进行自评并填写表格，然后将结果向国土资源部直接报送。

二、地方率先开展的规范性文件后评估

笔者检索"北大法宝"发现，2007 年就有地方性法规《烟台市人民政府法制办公室关于上报依法行政工作情况的通知》，将是否建立规范性文件后评估制度纳入政府依法行政的指标。

采用"规范性文件后评估"的标题进行检索，发现从 2010 年后，天津、河北、辽宁、吉林、江苏、浙江、安徽、河南、四川、云南等地的省、市政府也开始陆续发布专门针对开展地方规范性文件后评估工作的通知。

2010 年 9 月 9 日四川省达州市人民政府办公室《关于开展重大行政决策及规范性文件后评估工作的通知》，2010 年 1 月 4 日四川省人民政府办公厅《关于印发四川省人民政府 2010 年度推进依法行政工作安排的通知》（已失效），都建立了规范性文件管理制度，并规定了"构建规范性文件管理的长效机制"。

第四节　普遍开展行政规范性文件后评估的"燎原之势"

近年随着全面依法治国的深入推进，地方对规范性文件的管理手段也不断被发掘创造。法治效果最根本的评判标准就是维护人民群众的根本利益，推进法治建设要干在实处，注重实效。地方的规范性文件直接关系公众的切身利益且被反复适用。党和国家越来越重视规范性文件的管理，将规范性文件的质量视为法治政府建设的重要指标。因而，地方政府不仅仅将目光聚集到规范性文件的制定过程、备案审查等方面，还开始注意到规范性文件后评估也是监控管理规范性文件的重要手段。

正所谓"星星之火，可以燎原"。早些年一些部门、地方开展的规范性文件后评估，被各部门各地方充分学习、广泛借鉴，掀起进行规范性文

件后评估的浪潮。

通过各司法局在微信公众号发布的文章，可以看到各省市地方都普遍开展起规范性文件后评估工作，现将部分规范性文件后评估的实践列示如下：

2020年6月山东省司法厅印发的《山东省行政规范性文件评估暂行办法》首次从省级层面对行政规范性文件制定前评估和实施后评估作了全面的制度设计。"济宁市微山县创新'3+2+6'评估模式开展规范性文件后评估工作，即运用专题研讨、专家论证、公众参与这3种评估途径，通过问卷调查、图表分析这2种评估方法，对文件的合法性、合理性、协调性、可操作性、效益性、技术性等6个指标进行综合分析评估，确保文件实施效果。"[1]

2020年重庆市北碚区召开行政规范性文件后评估研讨会，"以选取的5件重点领域且实施2年以上的区政府规范性文件作为评估对象，邀请区人大监察法制委、区政协办公室相关领导、人大代表、政协委员，以及律师事务所律师团队作为特邀代表和评估专家，开展了行政规范性文件实施情况的初步研讨。"[2]

2020年天津市蓟州区司法局选取"与社会公众息息相关，在实施过程中可能存在争议的行政规范性文件进行评估，并将文件的合法性、合理性、可行性和实效性等列为评估标准[3]"。

2021年上海市黄浦区率先通过第三方开展行政规范性文件后评估工作。"评估团队对区存量规范性文件进行了筛查，确定了截至评估基准日仍然有效的66份文件作为评估对象，通过发放问卷、网络调查、公开资料

---

[1]"微山县创新'3+2+6'评估模式开展规范性文件后评估工作"，载法治济宁公众号2020年8月3日。

[2]"北碚区召开行政规范性文件后评估研讨会"，载北碚司法（现为"法治北碚"）公众号2020年10月16日。

[3]"蓟州区司法局积极开展行政规范性文件后评估工作"，载蓟州司法公众号2020年12月25日。

收集等方式进行调研，并从文件概况、文件内容、执行情况和实施效果、存在的问题及建议等角度进行全面分析，最终形成了1份工作报告、15份评估报告（以制定机关为单位）。"[1]

2021年浙江省杭州市余杭区"四到位"有效开展涉农行政规范性文件后评估工作，即"通过明确目标使评估工作认识到位，通过精心策划使评估方案制定到位，通过多措并举使评估实施规范到位，通过总结分析使评估结果运用到位。"[2]

山东、重庆、天津、上海、浙江等多个省市在近年普遍开展起了各具特色的规范性文件后评估工作，并将其后评估的实践通过微信公众号推送的方式报道出来，为后续开展后评估提供了有益参考。如西南政法大学王学辉教授承接的重庆市渝中区的规范性文件后评估项目，就详细展示了其评估所用的方法。其评估组在评估中采用"模糊聚类分析法，将评估对象具体细分为政经、民政人社、科教文卫、环保建安等四大领域中。通过设计一套以'效益'为元指标的评估指标体系，构筑定性分析与定量分析相结合、系统分析与比较分析相结合、文献分析与实证调查相结合的评估方法矩阵，评估组对所有评估对象逐一赋分，并提出了具体的评估意见与提效建议。"[3]其突出特点在于对每份文件评估打分，然后通过折线统计图的方式直观呈现出规范性文件的质量走势。例如，从制定年份看，不同年度制定的规范性文件其整体得分率总体呈上升趋势，反映出渝中区行政规范性文件的制定、管理与实施水平不断提高。

[1] "［法治政府建设］'黄浦区行政规范性文件后评估项目'召开第三方评估通报会"，载浦江法韵公众号2021年6月21日。

[2] "余杭区'四到位'有效开展涉农行政规范性文件后评估工作"，载余杭三农公众号2021年7月21日。

[3] "王学辉教授领衔团队承担的渝中区行政规范性文件实施后评估项目取得突破性进展"，载公法之声公众号2021年7月17日。

第五节　当前总体状况：已经起步、尚未发力

一、规范性文件后评估制度与实践的总体状况

规范性文件后评估制度从无到有，再到不断走向规范化、合理化。以北京市为例，2015 年北京市通州区人民政府印发《通州区行政规范性文件管理规定》，该规定在总则、起草、审查、发布、备案后设专章规定了行政规范性文件后评估。2022 年北京市石景山区人民政府印发《北京市石景山区行政规范性文件备案审查与后评估工作规定》，针对规范性文件后评估工作进行了专门的规定。其他各区的制度建设也在如火如荼展开。

总体来看，目前规范性文件后评估以"星火燎原"之势开展。我们对其状况进行初步分析。

二、目前规范性文件后评估存在的问题

在全面依法治国战略的推动下，行政规范性文件后评估轰轰烈烈进行。但伴随着实践的深入，一些问题也逐渐暴露出来。毕竟，行政规范性文件后评估在我国仍属于新生事物，实践的历史较为短暂。目前有关行政规范性文件后评估的理论研究及制度规定都尚处于起步阶段，全国性的制度规范尚较为匮乏，许多地方的实践处于摸着石头过河的探索阶段。

细致分析，目前行政规范性文件后评估实践的问题主要包括以下三个方面。

第一，启动方面的问题。现实中存在一些地方和部门将出台时间很短、甚至是不足月的行政规范性文件纳入行政规范性文件后评估的范围。事实上，刚刚发布的行政规范性文件缺少相关实践、问题暴露并不充分，此时的后评估只能是对其合法性的再审查，后评估功能大打折扣。况且，规范性文件的出台已经经历了人大或司法行政部门的备案审查，其合法性问题在短时间并不容易显露，此时对其进行后评估只会造成资源的浪费。

现实中还存在一些地方或部门对于规范性文件后评估仓促上马，导致后评估活动缺乏有效组织，后评估结果应用度不高等问题。各地各部门应当加强对规范性文件后评估的制度的学习，把握其制度原理和制度功能，在整个法治政府建设议程中合理安排规范性文件后评估事宜。

第二，评估实施当中的问题。目前，评估实施过程中的一个突出问题就是评估资料收集问题。当前各地各部门较多采用的是委托第三方进行评估。然而，第三方评估的一个重大问题是材料收集难。一旦材料支撑不足，评估就很难深入、全面，评估质量必定会大受影响。对于这一问题的处理，可以借鉴北京市石景山区人民政府出台的《北京市石景山区行政规范性文件备案审查与后评估工作规定》，其规定了相关主体尤其是文件的制定和实施主体的配合义务，包括但不限于提供评估活动所需的备案报告，行政规范性文件正式文本、起草说明、制定依据，规范性文件审核意见等材料。无论采取哪种评估模式，相关机构都有配合评估、提供信息的义务。另一个突出问题是公众参与匮乏的问题。审视现有实践，大多数由制定或实施主体进行的评估，倾向于在政府机关内部展开活动，吸纳公众意见明显不足，这会导致后评估活动变成责任部门自我论证、自我美化的活动，与后评估制度的初衷相背离。应当在评估制度中强化公众参与，使评估活动尽可能地开放化。

第三，结果应用方面的问题。实践中，哪怕是评估报告明确指出了问题，文件制定实施机关由于受到前期备案审查结论（其结论往往是文件内容合法、合理）的束缚，不愿采纳、不愿矫正。这会使行政规范性文件后评估流于形式。为此，应当在后评估工作质量不断提升的基础上，规定后评估结论的较强程度的约束力。例如，要么规定文件制定机关必须无条件根据后评估结论作出相应调整；要么规定文件制定机关应当采纳后评估报告的结论，除非其能提出明显合理的抗辩理由。另外，还应当加强评估结果的转化运用。例如，可组织规范性文件后评估座谈会，邀请专家团队同起草部门共同参与，促进起草部门能力提升；可将评估报告作为本地方本部门法治培训的材料，以在地化的经验教训促进基层干部素质增强；积极对规范性文件评估成果进行信息公开，使之作为公众维护权益、参与公共事务的支撑；加强成果转化，可以以论文或者报告的形式总结制度探索经验，为接下来的相关工作奠定基础等。

第三章

行政规范性文件后评估的域外经验

　　法律与行政规范性文件的区分标准，主要在于制定行为的权力基础。如果某一文件是基于立法权或立法机关授权而制定的，则可视为法律渊源；反之，如果某一文件是基于政府解释法律、发布政策等行政权而制定的，一般属于行政文件。放眼世界，由于政治体制、行政区划、历史传统、对抽象行政行为的认识等存在差异，各国行政机关制定的各类普遍性规范在名称和内涵上差异巨大。例如，《马拉喀什建立世界贸易组织协定》第16条第4款规定："每一成员应保证其法律、法规和行政程序与所附各协定对其规定的义务相一致。"在此，行政规范性文件被吸纳进"法规和行政程序"的概念中；美国的行政文件有立法性规则和非立法性规则之分；德国的法律渊源之一——规章——不仅包括联邦、各州有关部门颁布的议事规则，甚至还包括基层部门颁布的规范；阿拉伯国家政府颁布的各项行政命令，都被视为法律的渊源。综上，域外国家对行政规范性文件的词项使用、定位、认知不尽一致，更没有建立同我国行政规范性文件后评估制度完全对应的文件评价机制。因此，为了探讨的整体性和全面性，本章着力分析那些与行政规范性文件后评估制度内容相仿、功能相似的域外邻近制度，同时引入公共政策这个外延更广的概念作为行文的基本支撑。

　　关于公共政策的定义，学术界有不同认识。有学者着重强调其责任主体的方面，认为它是由立法者制定，并由行政主体执行的法律法规；有学者侧重讨论公共政策的现实功能，认为它是行政机关对社会利益的调整和对价值的分配。本章采用通说，认为公共政策是为谋求公共利益，由公权力机关制定，起规制和导向作用，以实现社会管理与社会分配、调整社会关系为目的的计划集合体。在政治实践中，公共政策可以体现为党的政策、法律、法规、行政决策、司法解释、国家领导人的权威性命令或倡议等。行政规范性文件亦是一种公共政策的具体表达。当前，行政规范性文件后评估在我国尚处于初步发展阶段，存在评估活动开展的范围有限、配套制度不完备、评估模式与方法不统一等问题。西方国家对行政法和公共管理的研究起步较早，在法治国家原则的指引下，相关实践和理论研究取得了较为丰富的成果。西方国家的相关经验，为我国行政规范性文件后评估实践优化提供了借鉴。我们应当从主题的实质出发，以开放的态度学习借鉴其中的有益经验。

第一节　域外国家对政府公共政策的监督管理

此处的政府公共政策是指由行政机关出台的各项法律性和非法律性规则。传统法治观念认为政府的民意代表性不及立法机关，且行政立法程序简单，故需要建立有效的监督机制防止政府公共政策出现重大瑕疵与失误。近年来，域外国家不断完善政府公共政策监督管理制度，并取得了一定的实效。

一、域外国家的政府公共政策

在我国，政府公共政策包括行政法规、部门与地方政府规章、规章以下规范性文件。法规、规章与其他规范性文件间有明晰的界限，行政规范性文件可以由县级以上人民政府工作部门、派出机构以及乡镇人民政府等制定，它被排斥在法律渊源之外。但域外各国行政机关对抽象行政行为定位不一，这些抽象行政行为与法律的关系也各不相同。

总体上，域外国家的政府公共政策，可根据合法性来源和行政权限的大小划分为不同类型。

美国《联邦行政程序法》将具有实体意义的政府公共政策分为两类：立法性规则和非立法性规则。"立法性规则是指经过通告评论程序发布的规则，这种规则与法律具有同等效力。非立法性规则是解释性规则和政策声明的统称，解释性规则是指行政机关对法律或立法性规则的解释，政策声明是指表明行政机关将如何行使行政裁量权态度的规则。"〔1〕区分二者的理论依据是政策的外部效力，前者获得法律授权，具有对外的直接效力，后者则因缺少立法机关的授权而成为内部规范。实践中，主要依靠制定程序的不同来区分二者。德国政府公共政策同样是根据是否具有对外效力，划分为法规命令与行政规则。法国的行政条例、规章、行政法院判例等都属于政府公共政策。日本将抽象行政行为视为行政立法，与行政行为并列为同级概念，因而政府公共政策囊括了法规命令、行政规则等行政立法。

二、立法机关监督

议会至上理念认为议会是一切公权力的基础，选民所赋之权总是首先集中于立法机关，继而再将该权力分门别类，授予特定机关相应的行政权、司法权。信奉该理念的国家，其议会地位普遍高于政府地位，可以对政府工作进行监督。英国等国家的立法机关均有权对政府公共政策的合法性、合理性进行审查。

在英国，依据法律制定的政府公共政策，如行政规章等需要交由议会审查。该立法审查会根据公共政策的类型产生两种不同的效力：对于增设法定义务的行政文件，只有经议会两院的审查批准，才能够颁布执行，若其被宣告为不合格，即属无效；而其余大部分公共政策的生效与否并不取决于议会的批准，除非议会明确否决该文件，否则送达议会时便发生效

---

〔1〕　熊樟林："裁量基准制定中的公众参与———一种比较法上的反思与检讨"，载《法制与社会发展》2013 年第 3 期。

力。此外，议会还制定了强制性的程序规则以规范行政立法。[1]

美国曾经推行一种立法否决制度，"立法否决权是美国国会在通过法律授予行政部门行政管理权限的同时附加一些条款，使国会对行政部门进行的活动和制定的规章有表示不同意和予以撤销的权力"。[2]1932年，胡佛总统迫于形势压力不得已向国会妥协，《行政改组法案》由此首创立法否决制度。在它发挥作用的50年间，因为其高效便捷的特性，使国会有力地制约着行政立法活动。但是，在1983年"移民与归化局诉查德哈案"中，基于美国的三权分立体制，立法否决被认为是直接干预了行政权的正常行使而违宪，该制度从此被废。即便如此，美国国会目前仍可以围绕行政立法展开调查以对政府监督。

在议会至上类型的国家，议会对政府的监督可被视为权力机关对行政机关的监督。由立法机关行使对政府公共政策的批准权、否决权，能够督促政府科学立法、依法行政。

三、司法审查制度

司法审查是指由国家司法机关判断、裁决议会立法和行政行为等公共政策是否违宪的审查制度，司法审查在某些语境下也包括对行政立法的违法性审查。它为美国所首创。19世纪初，为了维护宪法权威，落实三权分立的体制，确保法院有足够的实力制衡国会和总统，著名的"马伯里诉麦迪逊案"以判例的形式弥补了宪法空白，美国联邦最高法院的违宪审查权最终得以确立，而后在宪法至上与分权制衡理念的推动下，司法审查制度被西方诸国广泛采用。

根据审查机构级别与职能的不同，域外司法审查制度大致有以下三种模式：一是普通法院审查模式。该模式以既有的传统法院分担违宪审查的

---

[1] 参见田七："国外监督'红头文件'的管道"，载《人民政坛》2010年第11期。

[2] 吴撷英、甘超英："美国国会立法否决权的兴衰——兼论美国立法与行政的关系"，载《中外法学》1989年第1期。

职能，不设立专门行使司法审查权的法院或独立机构。在美国，属于联邦系统的四类法院均有权依照宪法和宪法解释判定法律、法令的有效性；英国高等法院拥有审查政府行政法令合宪性的权力；其他普通法系国家，如加拿大、印度等也大都采用此模式；日本的司法审查权亦由普通法院行使。二是专门机构审查模式。在该模式下，司法审查权由区别于普通法院的专门机构行使。这些专门机构例如德国的宪法法院、法国的宪法委员会。它们一般不受理民事、刑事纠纷，而以保障宪法实施为其核心职能。欧陆国家通常采用此模式。三是综合审查模式。比利时的司法审查制度自成一格，设立专门审查机构——宪法法院与行政法院——的同时，普通法院也会主动审查行政机关实施制裁所依据之行政法规的合宪性与合法性。

西方各国司法审查制度所针对的对象主要有三类：民意机关的立法、下级司法机关的判决和行政行为，部分国家还规定了条约等应受到司法审查的约束。当然，这并不意味着每一个司法审查机构的审理范围均兼含以上诸项。例如，议会主权体制下的英国，议会在法律上处于最优地位，上议院甚至成为英国的高级法院，司法机关没有对法律行使审查监督的权力基础，因而御座法庭只能对行政行为和低级法院判决开展审查活动；韩国的宪法裁判所对国会所立之法进行违宪审查，而其最高法院负责对政府抽象行政行为作出合宪、合法性的裁决。虽然"各国司法审查的对象多种多样，范围各有不同。不过，抽象行政行为则是各国司法审查的共同对象"。[1]

各国司法审查的启动方式有别，有的法院可依职权主动开展审查活动，有的却只能依诉讼启动。法国的宪法委员会依法定程序对尚未公布施行的法律、法规进行事前审核，从而维护宪法的根本大法地位。经审理，被认定为违宪、违法的规范性文件不得颁行，亦不发生法律或行政效力。意大利宪法法院则在法律、法规实施后的特定周期内进行主动审查，即抽

---

〔1〕 刘俊祥："西方国家抽象行政行为的司法审查制度"，载《西南政法大学学报》2000年第5期。

象性审查，这一方式与我国行政规范性文件后评估的活动阶段类似，属于事后监督。此外，将司法审查权纳入普通法院的国家普遍适用附带性审查，作为普通诉讼程序的一环，其启动完全依赖当事人关于实体事件的争讼，无控诉则无审查。

根据各国的司法审查规则，对抽象行政行为审查主要参照以下标准：①行政机关是否越权制定规范；②行政立法目的是否契合宪法基本精神；③行政立法对人权的限制是否有法律依据；④行政立法是否同宪法、法律相抵触；⑤条款内容是否存在实体缺陷。在我国行政规范性文件后评估标准中，判断文件是否具备法律依据时，大都从法律、行政法规、规章处入手，这主要源于行政规范性文件与宪法的法律位阶相差过于悬殊，且宪法较为抽象，所以评估机构通常根据以宪法为制定基础的法律、法规来认定行政文件的合宪性。与之相较，西方司法审查格外重视宪法对行政行为的规制作用，以至于"合宪"从一种法律依据嬗变为合理性依据。

由于司法机关中立、专业的特性，司法审查裁定具有法律上的约束力，被宣布为违宪、违法的政令无法生效，故司法审查制度成为保证行政机关依法行政必不可少的举措，这对西方各国的政治体制产生了深远影响。

四、行政机关的自我约束

行政系统对公共政策开展内部监督是提高政府公信力、树立政府权威的必要手段。它大致有三种实施路径：上级行政机关对下级政府政策的监督、政府法制部门对同级政府机构政策的专项监督、某一行政主体对自身出台政策的审查。政府公共政策基于其规范性、强制性、强操作性的特点，直接影响社会公众的日常生活，因而成为连接政府与公民的桥梁，成为行政系统的重点监督对象。我国确立的行政规范性文件制定立项审查制度、司法行政部门备案审查制度、前评估制度等都属于行政内部监督，而由于司法局等机关在后评估中发挥的主导、组织、协调作用，[1]行政规范

---

〔1〕 详见本书第七章。

性文件后评估制度亦属于行政内部监督的范畴。

域外对公共政策的行政内部监督方式形形色色，不拘一格，其中最为普遍和主要的方式是行政复议。各国行政复议称谓不一，日本称之为行政不服审查，德国则称为异议审查，是指行政相对人按照法定的程序和条件向作出被认为侵犯其合法权益行政行为的上一级行政机关或法定复议机关提出申请后，由受理申请的行政机关对该行政行为进行审查并作出复议决定的法律制度。根据我国现行《行政复议法》，对于各级行政规范性文件，行政相对人在对具体行政行为申请复议时，可以一并向复议机关提出对它的审查申请，体现出显著的附带性。而西方国家对这类文件的复议审查则不完全取决于文件是否对相对人造成了不利影响。例如，美国《联邦行政程序法》第 553 条第戊项就规定：“各机关应给予利害关系当事人申请发布、修改或废除某项规章的权利。”此处所谓的“规章”实质包括了行政规范性文件，表明当事人能够直接对某一违法的抽象行政行为提出复议申请，此举有利于减少不合理文件对公民的实质侵害，弥补了制度的滞后性。

日本共有都、道、府、县等一级行政区 47 个，下设市、町、村。作为单一制国家，日本有发达的行政层级监督制度，中央政府对各级地方行政机构、一级行政机构对二级行政机构均享有指导与监督的权力，抽象行政行为也被纳入该制度的监管范围。日本内阁设有法制局，各行政省提交的法案、政令案等都须经过法制局审查部的严格审核，中央亦通过行政指导、检查等途径监督各都、道、府、县、市、町、村、特别区的抽象行政行为以确保政令与法律的统一。正因为严密的内部监督，日本各级政令、行政条例等极少出现同上位规范相冲突和有损公民合法权益的情形。

法国虽设有行政法院负责政府公共政策的审查，但该法院由司法部部长领导，组成人员以行政官吏为主，并无严格意义上的法官，实际隶属于行政系统。“最高行政法院则有权对抽象行政行为进行司法审查，即要求撤销总统、总理和部长会议公布的命令的越权之诉；针对部长的抽象行为的越权之诉，即在政府制定法律草案和行政管理措施时，提供咨询意见；在处理案件时，有权撤销不合法的行政命令、行政条例和行政措施。"〔1〕法国行政法院审查制度本质上并非司法审查，而是属于政府法制部门开展的专项监督范畴。

从域外国家的经验来看，许多国家的政府公共政策行政监督是依托跨级或专门监督机构实现的，这就避免了有失公正的"自案自判"，表明了各国对程序正义的尊重。总体看，各国都越来越重视行政系统自我约束，从而维护政府形象、促进部门团结、减缓社会矛盾。

五、社会监督

社会监督无所不在。公众、社会团体、专家学者、新闻媒体等社会力量均可作为监督主体，任何政府行为都可归入社会监督范畴，政府公共政策自然而然地成为其监督对象。社会监督手段多样、方法灵活，有专家听证、媒体报道、行政复议、行政诉讼等。例如，德国公民可就因抽象行政行为导致的损害直接向宪法法院提出控诉。总之，社会监督极具动态性和广泛性，是将行政事务全面纳入法治轨道的重要环节。

美国《联邦行政程序法》第 553 条第乙、丙项规定了"规章"的制定程序，除裁量基准等内部管理章程或涉及军事外交事项，其余规章的制定均需强制性地遵守通告、评论、公布的基本步骤。首先，制定规章的建议应当在《联邦登记》上公告，公告发布以后，行政机关应为有利害关系的人提供参加制定规章程序的机会，公众提议可采用提供书面资料、书面意见、口头与非口头建议等方式。在考虑了提出的有关意见以后，行政机关应在其所采取的规章中，简单说明其所制定的规章的根据和目的。在进行信息公开的同时，制定机关也"为自己制定出来的规章加以辩护"。〔2〕

---

〔1〕 刘俊祥："西方国家抽象行政行为的司法审查制度"，载《西南政法大学学报》2000 年第 5 期。

〔2〕 [美] 杰克·M. 伯曼："美国行政规章制定程序"，马怀德译，载《行政法学研究》1996 年第 2 期。

德国政府规范的制定，必须进行公开听证。虽然从程序法角度来说，德国《联邦行政程序法》等法律并未对行政部门立法权作严苛的程式约束，但《各部共同事务规定》却主动引入社会监督力量，从行政体系内部设置了严密的监督机制，其适用于法案、行政条例与规则草案等的制定程式，基本采取了直接征询社会意见的方法。法律、法规、行政命令、行政规则同时适用于政府部门的会谈、专家参与、利害关系人听证、联邦上议院的通过等程序要求，其规定也相当严谨。[1]

公共政策的出台须事先经过专家咨询成为一些国家的程序法律的强制性规定。例如，在英国的授权立法中，议会为了防止行政权力的滥用，规定了严格的委托立法程序，其中包含了行政立法机关向法律咨询组织或者专业人员咨询。在某些情形下，法律咨询是强制的，听取社会代表和专业人士的询问意见由此变成行政立法机关的法定义务。有关机关未遵守该程序时，会造成政府立法失效。[2]

第二节　美国政府公共政策后评估制度

美国政府公共政策后评估制度，又称行政立法后评估制度（review of existing regulation），"其最早兴起于 20 世纪 60 年代，自 80 年代全面进入行政立法的成本分析时代"。[3]罗斯福新政后，国家以凯恩斯主义等为理论基础，对社会经济进行积极干预，这些政府管制多是通过制定规章、行政规范性文件实现的。虽然国家干预主义政策在克服市场缺陷、缓解国内矛盾方面卓有成效，但到了 20 世纪 60 年代至 70 年代，随着肯尼迪、约翰逊的改革运动对市场管控的不断强化，行政立法冗杂繁多，"管制机构膨

---

〔1〕 参见熊樟林："裁量基准制定中的公众参与——一种比较法上的反思与检讨"，载《法制与社会发展》2013 年第 3 期。

〔2〕 参见田七："国外监督'红头文件'的管道"，载《人民论坛》2010 年第 11 期。

〔3〕 杭州市人民政府法制办公室："行政立法后评估制度研究——从我市开展政府规章立法后评估工作出发"，载 https：//mbd. baidu. com/ma/s/Fmq2fsyz，2023 年 6 月 28 日访问。

胀和管制过多过滥，管制机构平均每年发布规章7000多个，平均每年的管制成本达6300多亿美元，造成了市场的扭曲和低效率"。[1]为改变此现状，在新自由主义和经济分析法学思潮的带动下，以行政成本为核心评价因素的美国政府公共政策后评估制度便逐步确立起来。

一、概述

美国政府公共政策后评估制度按照评估主体行政级别的不同，可分为联邦后评估与各州后评估制度。在联邦层面，评估工作的开展依据为法律、司法命令、行政命令以及行政部门内部规则。具体来说，在法律层面，《灵活规制法》《政府绩效法》《行政程序法》这三个法律明确要求进行行政立法后评估。不过，仅靠三个法律不足以使全部行政立法参与后评估，它们评估的适用范围有限，因此，总统不定期发布的行政命令成为法律的重要补充，例如1993年克林顿总统发布的第12866号行政命令就规定对"重大规章"要定期评估；一些行政部门会发布内部性的操作手册等规范后评估制度；法院也有建议行政部门自行审查政府公共政策的权力。由此看，美国政府公共政策后评估制度是多领域、多层级的。在各州，行政立法后评估制度也逐渐形成。最初全美仅有五个州确立了后评估制度，在1994年有13个州陆续确立了这项制度。方式上，各州除了规章一次性清理模式，还有定期评估等，很多州还利用"日落条款"[2]来强化后评估的要求。[3]

不同部门、不同位阶的公共政策，后评估活动周期有所差别。"如1980年的《灵活规制法》要求联邦各部门每十年要'对大量小企业产生

---

〔1〕 Kenneth J Arrow, Robert W Hahn, "Is there a Role for Benefit——cost Analysis in Environmental, Health, and Safety Regulation?", Science, 1996, pp. 272, April2, pp. 21~25, 转引自汪全胜："美国行政立法的成本与效益评估探讨"，载《东南大学学报（哲学社会科学版）》2008年第6期。

〔2〕 指法律文件中明订部分或全体条文的失效日期。

〔3〕 龙晓林："美国行政立法后评估概况"，载《探求》2008年第1期。

重大经济影响的已存规章进行评估。'"〔1〕然而，"国防部的评估项目明确要求每两年评估一次所有的规章，内务部要求每五年进行一次评估"。〔2〕

二、评估标准

美国政府公共政策后评估制度的评估标准别具一格，尤其强调审查行政立法的经济效益性，即判断行政文件制定与实施的成本是否超越了合理界限。经济分析法学以市场经济学的视角探讨法律制度，主张达到效益的最大化是各种法律制度的终极目标。成本收益理论也认为政府的正常运作需要政府及其工作人员、社会全体成员的物质与精神付出。基于此，行政立法的行政成本、社会成本与取得收益的大小成为评估该行政立法优劣的决定性因素。

从立法角度看，后评估所依据的法律较为重视政府行为的实际效益和为社会创造的经济效益，如美国《灵活规制法》力图通过政府公共政策帮助中小企业减轻经济负担，"要求联邦层面通过立法来实现规制的时候，应经过一定的程序：第一，区分出将要受到该规制影响的小企业群体；第二，分析和了解规制对中小企业带来的经济影响；第三，考虑那些在实现规制目标的同时，又能减轻小企业经济负担的规制路径"。〔3〕此外，为了确保政府经济绩效对维持社会财富稳定增长的主导作用，"1993 年的《政府绩效法》要求联邦部门在 1998 财政年度前制定策略计划上报给管理预算办公室，从 1999 财政年度开始明确每一年的绩效目标，并且每年向总统和国会报告其实际的绩效以及与预先设定目标的差异"。〔4〕

---

〔1〕　杭州市人民政府法制办公室："行政立法后评估制度研究——从我市开展政府规章立法后评估工作出发"，载 https：//mbd.baidu.com/ma/s/Fmq2fsyz，2023 年 6 月 28 日访问。
〔2〕　龙晓林："美国行政立法后评估概况"，载《探求》2008 年第 1 期。
〔3〕　王美舒："营商环境优化中的中小企业弹性规制"，载《中国社会科学报》2020 年 9 月 23 日。
〔4〕　龙晓林："美国行政立法后评估概况"，载《探求》2008 年第 1 期。

当然，任何公共政策的评估标准都非唯一。在几十年的制度实践中，政府公共政策的实施实践程度、合法性、伦理正当性、与其他政府文件的协调性等也可作为辅助性的评估标准。

三、评估步骤与方法[1]

根据法律、法规的规定，后评估一般通过五道准备程序：确定项目负责人、设定评审方案、征求法规执行机关人员的建议、选定评估人员、确立拟评估时间。在准备阶段之后，进入评估阶段，具体的评价步骤则由于主客观条件的差异而有所不同，展开途径主要有征求公众意见、交叉评价以及联合测评等。

鉴于提高行政效率和降低运行成本是美国公共政策评价的重点目标，其后评估主要采用了成本核算和经济效益分析的方法。早在 20 世纪 60 年代，美国的国会立法就明确了行政立法成本分析的制定程序，历任美国总统亦签发了大量行政命令，增加了对政府政策成本和效益方面的指导、控制，例如 1974 年《通货膨胀影响声明》、1978 年《改善政府管制》、1981 年《联邦规章》、1993 年《管制计划与监督》。后评估一般都是围绕着评价对象所产生的实际成本效果和预计成本效果之间的相对差额展开的，所以，首先要确立一种基准，其通常是指公共政策中设定的目标。其次要掌握现实中有关公共政策实现成本效果与经济效益的可靠信息，这些信息往往需要借助于相应的统计数据库或中介。同时要明确法律成本效果和经济效益信息之间的相互关系。美国政府会利用现代的科技手段，通过专业数据分析工具来进行测算，它们把政府的立法成本分为经济立法规制成本、社会立法规制成本、文牍规制成本三种，每一种均须通过统计政府规制机关的实际开支（既包括联邦预算内拨款，也包括在没有联邦拨款的条件下实施和遵守联邦法规规定的实际费用，即中央以外各地方政府部门的实际开支费用以及公司和私营机关的实际费用等），推算出政府规制的成本费

用。此外，对地方政府立法的利润测度，联邦机构则主要是针对规制的具体对象以及需要实现的目标，采用贴现把未来利润换算成实际现值的方式来预测法律规制下的实际收益。[1]可见，其亦是采用收益成本分析方法、成本效率分析方法、风险评价等经济分析方法。

此外，美国政府公共政策后评估制度还特别强调公民的参与度，如行政机关会出台指引规范来受理公民的申诉和意见、定时公布政策征求意见等措施。

第三节　法国政府公共政策评估制度[2]

1985 年法国政府出台的一项行政法令，在法制上明确了国家科技评价的法律地位，由此拉开了公共政策评估的序幕。有关"研究政策与技术开发的评估"的条文规定："法国研究与技术开发计划根据各自的指标受到评估。评估的指标和评估方法在计划实施之前就已确定，公共研究机构按照定期评估的程序开展评估。"同时，它明文规定科技评估是国家的重大科技规划、工程项目得以启动的前置条件，并对评估组织也进行了相应的规定。虽然法国政府公共政策评估在制度安排与评估阶段上有别于后评估，但由于同属行政监督手段，亦可作他山之石，成为极富参考价值的实践经验。

一、概述

法国政府公共政策评估，并非由某一职能部门独自负担，而是由若干公共组织联合负担。最重要的评估部门是国家研究评估委员会，其隶属于政府的科学研究和技术创新部，组建于 1989 年 5 月，有 16 种不同类型的

---

〔1〕　参见汪全胜："美国行政立法的成本与效益评估探讨"，载《东南大学学报（哲学社会科学版）》2008 年第 6 期。

〔2〕　本节主要参见奚长兴："对法国公共政策评估的初步探讨"，载《国家行政学院学报》2005 年第 6 期。

法律、法规对该组织的职能、机构设置、员工构成、评价收费、差旅费等作了具体的规范。此外，承担公共政策评审的组织还有议会、中央政府和地区行政机构、国家审计法院和区域审计法院、专业的公共政策评估组织等。

以下各评估单位亦发挥重要作用：①国家规划总署。它的历史十分悠久，早在第二次世界大战结束后，法国政府就建立了国家规划总署，专门主管对国家建设的全面规划。1993年后，它所肩负的职责发生变化，在经历职能转变后的国家规划总署开始负责公共政策规划工作，自1996年开始，完成了一些对公共政策的评审职能。②国家审计法院。最初担负着合法性审查和公诉人两个传统职责，后来为了增强审查能力，增设了公共政策评估与预算审核两个新兴职责。国家审计法院可会同大区审计法院共同对地区的公共政策作出评估，并专门成立了地区评估委员会，由公务员、地区民选代表和评估专家构成。评估后拟定的评估报告，要由大区评估委员会对其审核，然后上报中央审核后发布。③科技选择评估局。其隶属于国会，主要承担国家科技公共政策评价工作。该局由法国议会（国会和参议院）的议员代表组成专门委员会，下设有秘书处等分支，其中的大部分人员为科学领域专业人才，有些人士还曾出任过政府部门长官的职位。下属科学理事会则由15位高层次专家构成。该评估局每年都要举办一些研讨会，或与科学研究报告有关，或与某一项大众关心的科学研究问题有关。所需经费全部由政府当局承担，除人员薪酬之外，预计花费每年500万法郎，以确保整个科学研究项目的独特性。④国家研究评估委员会。法国在2002年成立了国家研究评估委员会，负责跨部门的评审项目。法国对中央政府部门进行公共政策评估，通常由国家级的评估机构负责和进行。对各地政府公共政策的评估，评估主体依行政区域级别的不同而有所差异：5万人口以上的市镇通常设评估专员，省级政府设评估处，大区则设大区评估委员会等集体评估机构。除了以上公共机构，还可以委托私人机构对特定事项进行评估。

国家通常赋予评估机关若干特殊权力，以确保公共政策评价的实效性。法律赋予国会科技选择评估局的评估报告人予特别权力，他们能够对国家机构全方位地实施科学测评，并且，能够接触除军事与国家安全问题之外的任何行政部门的资料。在执行公务中遇到重大困难时，还可行使议会调查委员的特别职权。评议申报人如觉得有需要，还可举办向新闻界公开的听证会，以获取与该问题有关的个人或团体的建议，且听证结果成为申报附件，并反映到评估报告中。这样形成的评估报告，将直接作为国家公共政策的立法讨论和预算依据。

法国的评估机构与工作人员也需要进行资质确认，并负担评估责任。法国设立了专业的评估师培训机构，负责对本科毕业生进行专业的培训、开展严格的考核，通过考核者方可担任政策评估师。此外，法国已出台了多部条例以规范评估师的活动，评估师应当严格执行，并应当对其所作判断负担责任，如有违反将受到法律制裁。但评估师一旦进行了判断，其评估结论将立即发生效力。

二、评估标准

各评估机构的评估标准略有差异。以法国国家审计法院的标准为例，主要从五个方面对政府公共政策进行评估：①公共政策是否设定工作目标；②目标设定是否合理；③是否具备配套的计算机信息系统；④行政行为是否合法，是否具有创新性、弹性；⑤是否合理使用达到目标的资源条件。

三、评估步骤与方法

公共政策评估的基本步骤包括：①评估项目的前期论证，评估组织依据被评价事项的原始资料，讨论是否具备完成某项工作的能力水平，而后成立评估小组并聘请专家，一般聘请境内或全球有关专业方面的知名学者、顾问人员等；②基础准备，评估组织制定评估方案，根据评估需要设计详细的调研提纲，同时按照法律规定的要求，制定相应的评估指标，确定指标处理方法；③资料收集，根据评估方案和调研提纲，尽可能具体、准确地收集各方面的数据和资料；④分析整理资料，对搜集到的方方面面的数据资料，加以综合处理和数据分析；⑤综合汇总，专家根据分析后的数据资料起草评估报告，讨论通过后，根据具体情况决定是否公布。

一般情况下，法国政府上台两年内会发布该届政府的"科技优先发展领域规划"，于是国会科技选择评估局便会跟着发布一连串的科技政策评估报告。担任技术评审工作的专家需要查阅资料、实地考察技术设施和有关公司，同时还要访问美国以及欧洲多国的技术专家，甚至需要倾听国际工会组织、专业组织、环境保护协会和消费者保障协会的建议。所形成的评估报告不但信息量相当大，而且阐述透彻，既剖析了国外最前沿的科研发展态势，提出法国所面对的挑战与机会，又指出了产业化发展的努力方向，富有明确的指导性。国家研究评估委员会也具有非常重要的权威性，负责制定国家评审办法，制定详尽的招标规定，并选拔评委会之外的专家。评估过程中评委会的所有委员提出相应意见并展开答辩，得出共同建议的评估结论。该评审流程采用异议的形式，容许被评审单位陈述其意见或者对评审结果提出异议。评审报告一经确认，被评审单位应当按照评审报告的意见采取措施，并向行政主管部门汇报。

目前，法国政府公共政策评估主要是以定性分析为基础，再以定量分析为手段，通过定性和定量相结合的方式加以评价。为了提升行政效率，国家审计法院给政府部门制定了40项重大任务，具体的任务又分成不同计划，任务的承担者需要明确，每项计划有5个目标，每个目标又有两到三个指标。各部仅需要在众多的目标中选定几个去实施，然后接受定性与定量相结合的检查和评估即可。

第四节　英国政府公共政策后评估制度[1]

20世纪70年代末期，英国政府面临严重的财政危机，通货膨胀榨干了行政财源，社会福利保障制度又使得政府财政不堪重负，濒临崩溃。加之传统议会主导下的官僚体制弊端与新公共管理运动的冲击，使英国不得不开展一系列政府绩效改革，其中效果最为显著的，便是立法后评估制度的创立。20世纪80年代中期，英国立法后评估制度就已经羽翼丰满，英国也因此成为世界范围内最早确立立法后评估的国家之一。该制度在21世纪初趋于成熟，《规制改革法》的制定就是具体体现之一。立法后评估在评估标准、方法上与行政规范性文件后评估有相通之处，了解英国立法后评估制度对我国有一定的借鉴意义。

一、概述

英国立法后评估主体类型如下：①立法机关本身。按照议会至上原则，议会的地位超过了其他一切组织和个人，议会制定新法律或废除旧法律的法律权力不受任何限制。对既存法律、法规实施评估是其行使立法权的体现。②行政机关。具体由政府的特别机构行使评估权，这些特别机构主要有规制责任专门小组、规制影响工作组、部门规制影响组、小企业服务局等，大臣、部长等也可以参与后评估。③社会公众。公民甚至可以作为评估主体直接参与立法后评估，良好规制任务工作组就是政府支持下由社会各界相关人士组建的独立顾问团，分享对政府立法的评估权。

法律、法规、行政命令和作为政府官方报告的白皮书等都是英国立法后评估的重要依据。

英国立法后评估的对象包括议会立法、行政授权立法、重大行政规则

---

〔1〕　本节主要参见史建三：《地方立法后评估的理论与实践》，法律出版社2012年版，第27~35页。

等。如"2001 年 4 月 10 日生效的《规制改革法》规定，凡是在过去两年中没有进行实质性修改的法律都需要进行规制影响的评估"。[1]又如，2001 年度的内阁提案规定："每个政府部门都要求在重要规则执行后 3 年内审议其影响。"[2]

二、评估标准

英国立法后评估的评估标准是由切克兰德提出的鼎鼎大名的"3E"评估体系。传统的财务指标、会计指标等效率标准，往往不足以应对复杂问题，当一定的社会与人文因素摄入评估对象时，传统指标便活力大减，为解决这一难题，管理学家创立了带有系统论色彩的"3E"理论，"3E"是指产出（efficacy）、效率（efficiency）、效果（effectiveness）。20 世纪 80 年代初，英国效率小组就以"3E"标准作为衡量财务管理的最终尺度，随后该标准也被运用至绩效审计的评估框架内。随着绩效评估的多元化发展，"3E"标准不断完善。2003 年，英国国家审计署颁布《政府绩效审计手册》，确立了"3Es"的评估标准："1. 经济性（economy），是指对一项活动，在保证其质量的前提下，将其资源消耗量降到最低水平。2. 效率性（efficiency），是指产品、服务或其他形式的产出与其消耗资源的关系，一项有效率的活动应该是在保证质量的前提下，以一定的投入实现最大的产出，或实现一定的产出使用最小的投入。3. 效果性（effectiveness），是指既定目标的实现程度，以及一项活动的实际效果与预期效果的关系。"[3]实践中，一些评估部门会灵活变动，根据实际情况调整后评估指标，但基本是按照分析目标与实效、投入与产出契合程度的思路展开的。

---

〔1〕 汪全胜："英国立法后评估制度探讨"，载《云南师范大学学报（哲学社会科学版）》2009 年第 5 期，转引自史建三：《地方立法后评估的理论与实践》，法律出版社 2012 年版，第 32 页。

〔2〕 王林生等：《发达国家规制改革与绩效》，上海财经大学出版社 2006 年版，第 179 页，转引自史建三：《地方立法后评估的理论与实践》，法律出版社 2012 年版，第 32 页。

〔3〕 罗美富、李季泽、章轲主编：《英国绩效审计》，中国时代经济出版社 2005 年版，第 15 页，转引自史建三：《地方立法后评估的理论与实践》，法律出版社 2012 年版，第 32 页。

三、评估步骤与方法

立法后评估的基本程序共分为十步：①明确阐述立法提案的主要目标；②调查立法的社会背景与社会需求度；③对立法方案涉及的主要问题开展风险评价；④确定一个供成效对比的选项，包含立法机关的不作为和不依靠强制性法律来达成主要目标的替代手法；⑤明确受负面影响的部门，衡量潜在的成本费用（包含服务成本或者环境保护和社会保障成本费用）和利润，进行成本收益分析；⑥评估各对比选项对中小企业、志愿团体的负面影响程度；⑦评估各对比选项对竞争的负面影响程度；⑧评估各选项的执行难度；⑨评估是否符合社会正义与公平；⑩对法律实施展开全方位监控。[1]

与美国行政立法后评估类似，英国的立法后评估主要通过成本收益分析的方法进行，该方法的基础性地位在《规制影响评估指南》中得到确立。此外，英国还利用风险评估与合规成本评估的方法分析财政支出与经济效益，其法律依据主要是1993年《平衡规制：风险评价指南》和1996年《企业成本控制：合规成本评价指南》。立法风险评估是为了确保立法活动及所立之法为社会所必需，评估时要对立法的不确定性、风险认知、定价风险等特定概念逐一解析；合规成本评估是指对社会成员遵守法律的有关规定而额外承担的成本进行的评估，主要依赖于相对具体的、涉及成本的评估数字。以上方法用量化货币进行，因各地的实际情况不同而不尽一致，便利的同时也增加了评估结果碎片化的风险。为此，英国也引入了政策公平评估、健康影响评价和气候影响评价等方法作为辅助性评价手段。

英国立法后评估制度还具备明显的公众化倾向。公众参与是立法后评估的重要环节，具体表现在三方面：一是1998年确立了良好规制原则，要

---

〔1〕 参见肖兴志、何能杰："英国规制影响评价体制与启示"，载《云南财经大学学报》2008年第4期，转引自史建三：《地方立法后评估的理论与实践》，法律出版社2012年版，第33页。

求公权力回归社会，社会治理需要国家机关和社会成员的共同努力，这一原则当然地覆盖立法领域；二是社会公众的评论是评估信息的主要渊源，形成了立法公共机构与最大利益相关者的公众共同磋商的良好局面；三是英国重视评估信息公开，《信息自由法》《内阁事务指南》中有许多关于政策公开、公众网络咨询的规定，这对于纠正公众的错误法律认知、缓解社会矛盾意义重大。

第四章

行政规范性文件后评估的基本原则

　　行政规范性文件后评估作为一项专业的评估活动，由多个环节与步骤组成。只有具备明确的原则，各个环节、步骤之间才能形成一个有机整体，评估活动也才能按照一定的价值理念和方向目标有序展开。本章结合法治评估一般原理，参照具体的评估实践经验，阐发行政规范性文件后评估的基本原则。

第一节　后评估原则的基本含义

　　在对行政规范性文件进行后评估过程中，有许多方法、原理或准则需要遵循：在评估制定环节的时候，应重点关注制定的民主性、科学性等问题；在评估内容的时候，应重点关注文件内容的合法性、合理性等问题；在评估实施环节的时候，应重点关注实施的可操作性、协调性等问题，等等。在上述种种准则或原理中，有的立足于评估行政规范性文件的社会价值，有的侧重评估行政规范性文件的技术价值，有的偏向评估行政规范性文件的经济价值。但这些都不能称之为行政规范性文件后评估的基本原则。后评估的基本原则应当是评估主体所遵循的基本原理或准则，它统率、指导、辐射整个评估活动。

第二节　后评估基本原则的内容

根据以上对行政规范性后评估基本原则的定义，本书在具体评估实践的基础上，提炼以下内容作为后评估活动的基本原则，即以人民为中心原则、系统全面原则、领域针对性原则和注重实践原则。

一、以人民为中心原则

习近平总书记要求："中国坚持把人权的普遍性原则和当代实际相结合，走符合国情的人权发展道路，奉行以人民为中心的人权理念。把生存权、发展权作为首要的基本人权，协调增进全体人民的经济、政治、社会、文化、环境权利。努力维护社会公平正义，促进人的全面发展。"[1] 法治建设应当为了人民、依靠人民，坚持以人民为中心，进而保障人民权益实现和发展。我国《宪法》第 1 条第 1 款规定："中华人民共和国是工人阶级领导的、以工农联盟为基础的人民民主专政的社会主义国家。"第 2 条第 1 款规定："中华人民共和国的一切权力属于人民。"这也表明，人民在全面依法治国中具有主体地位，以人民为中心的原则是法治建设的应有之义。

在行政规范性文件评估中，以人民为中心的原则就体现在评估文件制定是否具有充分的公民参与、文件内容是否有缩减公民权利、增添公民义务的情形、文件实施是否有增加公民办事难度的情形等。

根据以人民为中心的基本原则，在进行后评估时，评估主体可结合评估对象的具体板块，着重以下内容：

（一）文件制定评估环节

评估主体着重审视文件制定是否反映人民需求，是否符合人民利益，制定时是否具有充分的公众参与，是否通过多种形式使人民知悉理解文件

---

〔1〕《习近平谈治国理政》（第 3 卷），外文出版社 2020 年版，第 288 页。

内容，以及是否吸纳人民群众的意见建议等。可以说，在制定环节，制定者与人民群众的沟通程度，对人民群众需求的了解程度，直接决定文件是否具有民主性。随着法治发展和治理现代化水平的提升，越来越多的文件制定需要人民参与，需要践行"全过程人民民主"理念，这样，才能集思广益，既回应人民诉求，又体现人民意志。值得一提的是，吸纳基层人大代表参与文件制定，也是一种贯彻以人民为中心的有益做法。

（二）文件内容评估环节

在文件内容评估环节，评估主体着重审视人民权利是否被缩减，义务是否被增添。对于人民的权利和义务，宪法和法律已规定出大体的框架，行政规范性文件评估中应本着相对人权利义务与宪法、法律规定相一致的原则，使相对人的权益得到充分保障。在实践中，尤其需要对有关行政许可、行政处罚、行政收费、行政强制、行政征收等规定进行细致审核，比照上位法及上位政策，审查其是否具有非法限制公民权利，增添公民义务和负担的条款。对于某些授益性条款，即使超出了上位法及上位政策的规定范围，也宜从宽认定。

总之，以人民为中心原则的要求尽可能多的给予人民群众关照和福利，在下级政府有余力的时候，应当不断增加人民群众福祉。

（三）文件实施评估环节

在文件实施的评估环节，评估主体应当着重关注文件实施是否增加人民办事难度，是否提高了为人民群众的办事效率，是否使人民群众在实施过程中具有获得感。为此，应当审视文件的实施是否简易便民，是否增益人民群众福祉。对于那些故意设置办事障碍、增加办事成本、具有官僚主义倾向的做法，应当在评估中保持较高敏感性。

总之，坚持以人民为中心的原则，就是要通过后评估，促进人民生活水平和生活质量的提高，促进人的全面发展，充分调动人民群众参与法治建设。

二、系统全面原则

系统全面原则是从宏观、整体角度对后评估的要求，它要求后评估过程应综合考虑评估对象，从评估对象的制定过程、内容、实施效果三个环节对文件进行整体评价，测评对多重社会关系的影响和效果。

系统全面原则在于对行政规范性文件进行总体把握，作为"立法回头看"的后评估活动，对行政规范性文件的制定过程、内容、实施状况三部分都应具有深刻的涉及。只有对行政规范性文件进行整体的认识，才能清楚该文件是否达到了制定目的，是否有效调整了所涉社会关系，进而才能正确总结所评估对象的欠缺与优势，积累相关法治经验，从而对推进全面依法治国，提升国家治理能力和治理体系现代化发挥作用。具体而言，系统全面原则应关注以下三个方面：

（一）既评估合法性，又评估合理性

行政规范性文件是法治体系的重要组成部分，它是法律法规的"毛细血管"，对于贯彻落实法律具有重大意义，故行政规范性文件不得抵触宪法、法律、行政法规、政府规章、地方性法规的内容与精神。尤其对于政府来说，不应擅自扩张行政许可、行政处罚、行政强制等适用范围，对于公民权利不应违背上位法的规定随意限制；行政规范性文件又具有"政治性"，作为全面依法治国的组成部分，行政规范性文件还应遵循各级党组织文件精神的要求，贯彻党的领导原则，贯彻中央的战略部署。可以说，在具有反复使用效力的规范位阶当中，行政规范性文件处于最底层，制定中应充分考察相应上位法、上位文件、上位政策的相关规定，在不抵触的前提下设计内容。

合理性是考察行政规范性文件制定能力的"试金石"。合理性的内涵多样，其中之一是使文件及其实施符合客观规律。马克思曾说："立法者应当把自己看作一个自然科学家，他不是在制造法律，不是在发明法律，而仅仅是在表述法律。"[1]制定主体应该对调整对象的发展规律具有科学的把握，尤其从事物发展趋势来进行把握。例如，在环保领域，"先污染后治理"理念曾风靡一时，然而到了今天，人们的理念转变为"金山银山不如绿水青山"，再以环境为代价发展经济就难以获得人们认可。合理性的内涵还包括对公平的重视。行政规范性文件亦是社会利益的"分配器"，在调节某一事物的时候，应秉持相对公平的理念，努力平衡各方面的诉求。合理性还要求政策的温和性，即当公权力对社会关系进行调整时，在对待人民群众权益时应尽量以温和的手段或最小伤害的手段，能采指导性措施就不采强制性措施等，能用负担性措施就不用禁止性措施。例如，在城市管理问题上，对于影响市容市貌的路边商贩，不能"一棍子打死"，全城禁止了事，而应该考察该市商贩主要集聚范围与经营高峰期，通过对经营场所、时间、方式管理，确保其受损最小。

（二）既评估专业内涵，又评估社会效益

专业内涵的评估即是对行政规范性文件的法律性、政治性、合理性、协调性、规范性等进行评估。它们是规范性文件的自身属性。法律性、政治性与合理性前已论述，现就协调性与规范性进行说明。

协调性是指行政规范性文件与同位阶的法律文件之间是否存在冲突。法律性与政治性往往是解决"上下级文件"的效力张力的问题，遵循的原则就是"上令下从，上命下循"的原则；而协调性重在解决同位阶的法律文件之间张力的问题。解决该问题往往需要各部门进行协调，对所涉领域的职权进行合理配置。如果一个规范性文件在职权、职责设置上不合理，会导致执行部门之间"扯皮""打架"，进而妨碍文件的实施。

规范性则是指行政规范性文件的结构、语言、语序等法律技术层面的状况是否符合要求。规范性标准可以较为直观地判断制定者的制定能力。在实践中，由于制定主体法律修养不足，容易出现在文件中使用生活用语的情况，以及概念定位不清、语序混乱的情况。事实上，对于体例结构，

---

[1]《马克思恩格斯全集》（第1卷），人民出版社1956年版，第183页。

要求简明扼要，能说明问题重点即可，不必长篇大论，过分追求形式的完满；对于语言表达应清楚明白、严谨有序，符合法律用语的同时也要使用朴实大方、人民群众能听得懂的语言，减少生僻字、生僻词的使用；对于语序表述，应当连贯、周密和简洁，避免使用夹叙夹议的表达方式。

社会效益的方面，首先应考察是文件及其实施是否达到预定目的；其次应考察该规定是否具有可持续性，所实施的成本与收益是否符合经济理性，是否能长久实施；最后应考察该规定对其他方面事物的可能性影响。对社会效益的评估是决定行政规范性文件好坏的一个重要标准。一个行政规范性文件即使形式完美，但如果不能增益社会效益，或产生了显著的其它方面的副作用，那便是失败的。

（三）既关注问题缺陷，又关注经验亮点

评估行政规范性文件具有双重目的。一方面是为文件及其实施找疏漏，促进文件内容优化、效能提升；另一方面是为文件找优点，梳理和阐释所积累的治理经验。为此，在评估过程中，要秉持客观、中立的立场，既不是单纯"挑毛病"，也不是为实践"背书"，而是实事求是，既找缺点也见亮点，才能将行政规范性文件评估效果最大化。

对于文件及其实施经验两点的关注与呈现，是后评估工作的一项基本内容。这也是它和规范性文件备案审查的重大区别。事实上，从词义就可以看出，备案审查是一种纯粹的监督工作，而后评估，则除了具有监督的功能外，还有发现优点、呈现亮点、表彰鼓励的内涵。在后评估实践中，如果缺失了对正面经验的关注与呈现，则后评估活动就是不完整的。这点尤其应当引起重视。

三、整体反思原则

行政规范性文件是调整某一特有社会关系，涵摄某一特定行业领域的制度规范，这就意味着，在评估过程中不能仅限定于文件本身的相关因素，还要对文件所在领域具有整体性的反思与把握，即把被评估的政策文件当作该领域治理的一个方案来看待，审视这一方案的利弊得失。

整体反思原则产生以下要求。

（一）对所调整社会关系和领域状况具有总体把握

对所涉领域与社会关系具有总体把握，是为了从宏观和整体上对评估对象进行认识，如果不了解所评估对象的发展历程、运行规律和发展趋势，那么在评估过程中则易失之于浅。例如，要对某一环保类行政规范进行评估，则应先了解环境保护理念的变迁历程，把握党和国家当前对环保事业的基本要求。如果评估主体的思维还停留在牺牲环境以图发展的旧思维模式中，则无法对相关文件进行切实评估。

（二）对所调整社会关系和领域的地方特性具有明确认知

只有把握文件所涉领域的地方特性，才能使评估工作契入具体语境之中，形成公正的评估结论。例如，某地欲大力发展高质量互联网科技产业，并出台相关激励政策以招商引资。初看上去，进行产业升级、促进高质量发展是大势所趋，互联网产业也是经济增长的热点。但是，当地却缺少高水平大学支撑，无论从技术上，还是从人才储备上，条件都很薄弱，整体环境尚不足以支撑互联网科技的发展。如果贸然出台这类文件，只会浪费地方财政，难以取得理想结果。在评估过程中，应当把被评估的政策文件视为当地治理的一项措施，结合当地实际，认真审视这一措施是否妥当。这样的话，对于一些"跟风"制发、脱离实际的文件就能清晰辨别了；对于一些立足本地优势、具有明显针对性的文件，也能看出其优点所在。

整体反思性原则要求评估主体站在更大的视域来审视文件及其实施的质量，要求评估主体对政策文件的问题针对性、语境适当性有较强敏感性。

四、注重实践原则

后评估与传统的备案审查的最大区别，就在于注重文件的实践，以及注重文件实施的实践效果和所产生的各种影响。如果在实践层面存在重大缺陷，形式再完美也都无济于事。它要求评估主体关注以下方面：

（一）文件实施是否具有可实施性

在评估过程中，需要考察文件是否规定了明确的实施主体、实施对象、实施程序、实施标准等。这些因素直接关系着文件是否能够被实施。如果文件表达是笼统的、抽象的，则会大大降低其可实施性。例如，某地实施对菜田进行补贴的政策，但文件中缺少补贴的申报方式、领取方法，使相对人无法找到领取补贴的路径，最终导致补贴政策被悬置，失去了下发文件的意义。

（二）文件实施是否简易便民

行政规范性文件应当简便易行。无论是对于基层执法人员亦或普通大众，简便易行的文件是提高实施效率的重要保障。对于基层执法者而言，文件内容和程序繁琐，会导致实施成本过高，甚至会引发行政纠纷。对于办事群众而言，没有简便的文件规定，使其办事须多次询问、跑东问西，会加重相对人的负担。尤其当事涉及老人、残疾人、儿童等弱势群体时，更应当保证文件的简便易行属性。例如，对发放老年补助金、发放残疾人补贴等授益性事宜，要本着让当事人最少跑路、最少操心的原则设定相关制度机制。

（三）文件是否具有较高实施度

行政规范性文件后评估是一种包含实施状况检视的评估类型。它要求评估主体高度重视对文件实施度的评估。在实践中，一些机关制定了行政规范性文件之后，将其束之高阁，或者仅仅进行少量的实施。这种情况在各地并不鲜见。

我们围绕绩效这个概念对此进行分析。绩效（performance）包含两个层面的内容，一是行为，亦即"苦劳"；二是效果，亦即"功劳"。域外及我国所推行的各类绩效评估，往往一则看其"苦劳"程度，没有足量的"苦劳"就无法产生令人满意的"功劳"，然后才看其"功劳"。在绩效评估过程中，二者的合理搭配才能生成合理的评估标准。那么，在行政规范性文件后评估中，也应该高度重视文件的实施度。"不实施等于零"，对于那些没有实施或者实施严重不足的文件，可直接予以否定性评价。我们也特别倡议，应当在规范性文件后评估标准中，增加"文件实施度"这一标准。

第五章

行政规范性文件后评估的功能

在全面依法治国的新时代，为建设法治政府、推进依法行政，加强行政规范性文件的监督和管理势在必行。行政规范性文件后评估作为一项对实施后的行政规范性文件进行全面"体检"的制度，为提升规范性文件的质量与效能发挥重要的作用。一方面，通过后评估监控管理规范性文件，可以及时发现存在的问题和不足，从而提出改进的意见和建议供有关部门参考；另一方面，通过后评估的经验总结，还可以呈现文件实施当中的亮点和创新，为后续规范性文件的制定和实施提供有益借鉴。

第一节　行政规范性文件后评估的合法性监控功能

一、合法性监控的目的

行政规范文件后评估是对行政规范性文件合法性的"再审核"，与备案审查制度的"初审查"不同。后评估对规范性文件合法性的监控，不仅涉及行政规范性文件本身，还涉及规范性文件出台前的制定过程的合法性监控以及规范性文件实施过程合法性的监控。因此，规范性文件后评估是对规范性文件全过程、全生命周期合法性的监控。

基于此，行政规范性文件后评估对规范性文件合法性进行监控的功能主要在于以下两点：其一，通过监控规范性文件的合法性，有利于维护法治统一、确保政令通畅。规范性文件后评估通过监控规范性文件的合法性有助于使行政规范性文件和上位法律法规保持一致，让中央层面的法律法规、上级的法律法规和文件顺利地贯彻到基层；其二，通过监控规范性文件的合法性，同样有利于及时查找现行违法文件及违法施行行为，避免不合法的规范性文件影响文件本身的权威性，削弱行政机关在民众中的公信力，损害公民、法人或其他组织的合法权益。

二、行政规范性文件合法的内涵

后评估要实现对规范性文件合法性的监控，首先需要明确行政规范性文件合法的内涵。行政规范性文件合法是指行政规范性文件与现行的法律法规及其他上位法不相抵触，与上级政策不存在冲突。对规范性文件进行后评估主要考察以下四个层面：

第一，在权限上，规范性文件不能超越权限，侵犯上位法的领域。2000 年出台的《立法法》对地方立法权限的规定，明确了地方立法的三种类型即执行性立法、自主性立法和先行性立法。行政规范性文件虽然不属于《立法法》规定的范围，但涉及公民权利义务且被反复适用具有准立法性质，可以参照《立法法》的规定。对于规范性文件没有上位法依据的情况，需要区分规范性文件类型。实施性的规范性文件是对上位法的细化，它的功能在于贯彻落实上位法的规定，不得增设公民的义务和责任。而属于创制性的规范性文件以及相关制度规定，则允许地方行政机关在不违法的前提下充分发挥主动性和创造性，因地制宜制定适应当地情况的创设性规定，只要其不超越权限便视为合法。除了《立法法》的一般规定之外，《行政处罚法》第 14 条规定，除法律、法规、规章外的其他规范性文件不得设定行政处罚。这些上位法形成的相关限制，使规范性文件的制定者必须严肃谨慎。

第二，在内容上，行政规范性文件不得与上位法具体的条文相违背和冲突。我国是一个单一制国家，维护社会主义法制的统一和尊严是一项宪法原则。因此，规范性文件的制定要有利于国家法制统一。只能由法律规定的事项规范性文件不能涉及；法律、行政法规已经作出规定的，规范性文件不能与之相悖。

第三，在程序上，对于涉及公民重大权益的规范性文件要履行法律规定的调研论证、公开征求意见和进行听证等程序要求。国务院办公厅《关于加强行政规范性文件制定和监督管理工作的通知》要求："除依法需要保密的外，对涉及群众切身利益或者对公民、法人和其他组织权利义务有重大影响的行政规范性文件，要向社会公开征求意见。起草部门可以通过政府网站、新闻发布会以及报刊、广播、电视等便于群众知晓的方式，公布文件草案及其说明等材料，并明确提出意见的方式和期限。对涉及群众重大利益调整的，起草部门要深入调查研究，采取座谈会、论证会、实地走访等形式充分听取各方面意见，特别是利益相关方的意见。建立意见沟通协商反馈机制，对相对集中的意见建议不予采纳的，公布时要说明理由"。除了国务院办公厅《关于加强行政规范性文件制定和监督管理工作的通知》对规范性文件制定的上述要求之外，相关地方政府规定也多对规范性文件制定程序作出了相关要求，包括深入调查研究、进行相应论证、公开征求意见、涉及公众利益时要进行听证等。

第四，在精神原则上，行政规范性文件不得与上位法的精神实质、基本原则相冲突。规范性文件不抵触上位法既包括直接内容的不抵触，也包括精神原则的不抵触。具体标准主要包括：文件不得作出与宪法、法律、行政法规基本精神和原则相反或相违背的规定；不得规定有关分割国内市场、搞地方保护主义的内容。

三、规范性文件在合法性方面存在的问题

明确合法规范性文件的内涵后，需要再次明确现实中行政规范性文件出现合法性问题的具体情况，以便后评估的开展。根据评估实践，行政规范性文件本身出现合法性问题有以下两种情况：

第一，规范性文件存在"先天不足"，即规范性文件在制定时存在合法性问题。虽然这种情形不多见，但仍不可避免，尤其是乡镇制定的规范性文件。

第二，规范性文件出现"后天失调"，即规范性文件在实施一段时间后，其所依据的上位法进行了变更或者出台了新的上位法。规范性文件未及时作出调整，导致出现合法性问题。这种情况导致规范性文件出现合法性问题是备案审查不能规避的，必须通过规范性文件后评估进行监控和纠正。

通过规范性文件后评估发现的现实中规范性文件本身存在的合法性的问题主要集中在以下几点：①与现行的法律、行政法规、地方性法规、部门规章、政府规章相抵触；②与改革精神、上级政策存在冲突；③违法增设相对人义务、减损相对人权利；④增设了行政许可、行政处罚、行政强制等事项，增加了办理行政许可事项的条件；⑤含有排除或者限制公平竞争内容的措施。

此外，现实当中存在规范性文件本身的合法性问题，在执行中也会存在违反法定程序、适用法律及规范性文件错误、超越执法权限、不履行或者拖延履行的情况。[1]

四、规范性文件后评估合法性监控功能的发挥

开展规范性文件后评估工作有利于及时发现规范性文件存在的合法性问题，那么如何更好地发挥其功能便是值得我们认真思考总结的。从影响后评估对规范性文件合法性监控功能实现的因素来看，做到以下两点将有助于规范性文件监控功能的发挥：

第一，对行政规范性文件进行全面"扫描"和"体检"。只有完整地知悉行政规范性文件在制定、实施过程中的各个环节，才能对行政规范性文件的合法性进行准确的把握。因此，行政规范性文件的后评估需要政府

---

〔1〕　参见袁曙宏：《立法后评估工作指南》，中国法制出版社2013年版，第12页。

法制部门以及各规范性文件的制定实施主体提供充分的资料，以便评估工作的全面开展。

第二，动员和吸纳多方主体的参与。一方面，合法性的评估需要第三方法律专业人士对规范性文件的合法性进行审慎分析和提出意见；另一方面，合法性的评估更需要普通民众的参与，尤其是受规范性文件调整的利益相关人的意见反馈。因为大部分行政规范性文件直接作用于民众，民众的反馈往往更能直接反映出规范性文件本身以及适用过程中的问题。

第二节　行政规范性文件后评估的合理性监控功能

一、合理性监控的目的

对规范性文件进行合理性监控是为了实现"良法善治"。合法只是规范性文件有效的"底线"，而规范性文件是否属于"良法"还要看规范性文件是否合理。行政规范性文件属于抽象行政行为，在制定时难以全面预料到社会的诸多现实情况。而经过实践的检验，行政机关在具体执行中依据抽象的规范性文件作出具体的决定，规范性文件的问题往往才得以显现。此时展开规范性文件后评估，就可以较为充分地判断规范性文件的内容是否符合规律、是否科学，进而判断规范性文件是否为一份合理的文件。

通过后评估活动对规范性文件进行合理性监控，可以及时发现规范性文件的相关缺陷，进而提出修改建议，促进相关制度完善，避免不合理的规范性文件反复适用造成重大消极后果。

二、规范性文件合理性的内涵

规范性文件的合理性内涵层次丰富。

第一，规范性文件首先要符合传统"比例原则"的要求。比例原则是一项重要的法治原则。在规范性文件后评估过程中，应主要从以下方面进行评价：一是规范性文件的目的妥当性，即规范性文件的目的需要合理正当，不能是为了部门利益或基于其它不正当考量；二是规范性文件的措施必要性，即采用最温和的手段、最小的侵害方式；三是规范性文件的利益增益性，即要使文件实施的损失小于文件实施的所得。

第二，规范性文件应当践行"以人民为中心"的理念。规范性文件的制定是为了实现公共管理的目的，需要基于人民群众的利益。无论是内容方面还是具体的实施过程，都要以人民群众的利益为依归，回应人民群众的诉求。对于那些严重扰民、给人民群众带来明显的损害的文件可以"一票否决"。

第三，规范性文件应当"因地制宜"。具体而言，就是指文件的制度规定要因地制宜，与本地政治、经济情况相协调，避免照搬照抄、脱离实际。

三、规范性文件合理性方面存在的问题

审视各地行政规范性文件后评估实践，我们可以总结出一些典型的违背合理性要求的情形：

第一，考虑不相关的因素。例如：有的地方为追求部门自身利益的最大化，模糊或简化相应的义务，增设部门权限、设置不必要的审批程序等。

第二，照搬照抄、不作细化。例如，行政规范性文件本应发挥着解释法律、行政法规和规章的作用，但有的行政规范性文件，尤其是乡镇发布的规范性文件经常由于条件缺乏、能力不足或是本着"多做多错、少做少错、不做不错"的懒政理念，对上级发布的行政规范性文件只改个文件头，照搬照抄。

第三，不符合现代经济文化发展趋势。例如，有的规范性文件处罚力度过大，以罚代管，过分使用惩戒手段。

第四，对上级规范层层加码。例如，有的规范性文件存在将上级的

"严格控制"直接改为本级的"一律禁止"，压缩相对人的权益空间。

四、规范性文件后评估合理性监控功能的发挥

实施对行政规范性文件的合理性监控，应当在以下两个方面着力：

第一，积极吸纳公众参与规范性文件后评估。公众作为规范性文件的直接规制对象，对规范性文件的情况往往具有切身体会，尤其对其问题缺陷往往有切实感知。在后评估活动中充分借助问卷调查、实地调研、群众走访等方法听取公众意见，有助于评估主体充分把握情况，做出精准判断。

第二，结合文件实施状况进行总体反思。很多的合理性层面的问题，溢出了文本自身的要素范围之外。需要站在总体反思的高度，才能发现一些隐蔽的、与现实情况不符合的问题。总体而言，合理性问题不似合法性问题那么直接，对它的把握，需要评估主体发挥知识优势、经验优势，需要在审慎的反思、对比、权衡之后才能实现。合理性判断也最为考验评估主体的政策分析本领。

第三节　行政规范性文件后评估的效能性监控功能

一、效能性监控的目的

行政规范性文件制定之后，并非都能得到充分的贯彻实施，并非都能达到预期的效果。在实践中，很多规范性文件在制定之后被束之高阁，或者仅有部分内容被实施。为此，就需要对规范性文件的效能性进行测评和监控，避免文件被悬置或实施不充分的情形。后评估的启动，通过检视文件的实施状况，可以实现对文件效能的监控，最终实现文件效能的提升。

二、效能性的内涵

行政规范性文件后评估的效能性监控，就是对规范性文件实施效果的

考察，它主要包含两个层次：

第一，规范性文件的直接效果。所谓直接效果，是指规范性文件所欲达到的直接目的。例如，市容市貌管理类的文件，其直接效果就是市容整洁，卫生水平的提升；环保类的文件，其直接效果就是污染和破坏得到控制，自然环境得到修复；产业发展类文件，其直接效果就是相关产业的繁荣，相关群体的收入提升。这类效果，是规范性文件制定实施者所首要追求的目标。

第二，规范性文件的延申效果。延申效果是一种发散开来的效应。比如，市容市貌的改善带来了城市旅游业的发展；环境水平的提升带来了居民幸福感的增强；产业的发展带来了违法犯罪率的下降、社会治安形势的好转，等等。

我们在理解规范性文件的实施效能时，需要把握其两个层次的内容。只有两个层次的内涵都属于正向增益的范畴时，我们才能认定其效能较好。有的文件在实施之后，直接效果的目标实现了，但增益性效果方面确是负向的。例如，某些包含处罚机制的文件，它的实施带来了罚款数额的增加，进而带来当地财政收入的增加，但却对当地被规制产业的发展带来了抑制效应，很多企业在罚款压力下活力降低、效益减少。对于这类文件，我们在评估时就要注意区分其效能层次，作出正确的评价。

三、规范性文件后评估效能性监控的发挥

习近平法治思想启示我们，在执法和司法过程中，既要考虑法律效果，也要考虑社会效果。其中的法律效果是指法律层面的影响，对应规范性文件的直接效果；而社会效果则是指对社会经济和政治所产生的影响，对应规范性文件的延申效果。只有把二者统筹审视，才能正确识别一部法律或一个文件的全部效能。在规范性文件后评估过程中，它要求我们重视以下两点：

第一，既要从专业性着眼，也要从社会政治等层面着眼。着眼专业层

面，能够确保我们做出就事论事的精准分析，为评估工作打下良好基础。而着眼社会政治层面，则能够确保我们超越技术中心主义，把技术问题纳入价值层面进行考量。没有价值指引的技术会迷失方向，没有技术支持的价值会缺乏基础。在评估工作中，二者缺一不可。

第二，既要关注文件及其实施系统本身，也要关注文件实施的外部环境。行政规范性文件效能状况，是文件系统自身与外部环境合力的结果。在实践中，那些实施效果较差的文件，可能是文件自身层面出了问题，也可能是文件所涉的外部环境出了问题。这就启发我们，对效能问题进行分析时，要进行多层次、多维度的检视，才能找准问题的具体症结，所提出的意见和建议也才具有针对性。

第四节　行政规范性文件后评估的经验总结功能

和备案审查有所不同，规范性文件后评估是一种"厚"的评估活动。它不仅致力于发现问题和纠正问题，还致力于总结文件实施过程中的创新性经验。对于后评估主体而言，既要批评和分析规范性文件的"不好"，也要表彰和推广规范性文件的"好"。只有把两个层次的工作都做好，评估活动才是完整的。

在当前实践中，后评估活动对于后一方面往往做得不够，导致后评估的经验总结功能发挥不充分。我们在此，专门对后评估的经验总结功能进行强调，期望能纠正评估实践中的一些偏差。

一、规范性文件后评估经验总结功能的意义

在相当长的时间内，我国的法治发展和基层治理展开，主要是通过学习借鉴域外经验而实现的。在改革开放已经四十多年以后，中国的现代化事业逐步具有了强劲的内生动力。我们应当从本土实践中，为各个领域的立法创制、制度优化寻找渊源。规范性文件作为治理体系的"神经末梢"，

它一方面扎根基层，具有"接地气"的特殊品质；另一方面涵摄范围较窄，哪怕出现问题了，其"试错"成本也较小。因为这两个方面的原因，行政规范性文件的制定与实施成为了治理创新的"试验田"，很多的创新性做法都首先出现在行政规范性文件领域。如"楼市调控""尾号限行""信用惩戒"等在全国推广的政策都是由行政规范性文件首创。[1]为此，我们在进行后评估时，要充分意识到规范性文件领域所包含的对于治理制度创新、治理现代化的重大价值。

二、规范性文件后评估经验总结功能的发挥

在评估过程中，评估主体应当对规范性文件制定实施中的好做法、好经验保持敏感，及时发现和总结那些具有普遍推广价值的措施、方法。结合具体的评估实践，笔者初步提出五个方面的指引，期望评估主体在评估过程中着力从这五个方面去发现优秀的做法。

第一，文件制定前的调研论证方面。制定主体针对文件制定的必要性、可行性和拟解决的重点问题进行深入研究，通过实地考查走访、座谈会、听证会等形式对拟确立的主要制度或行政措施的预期实施效果、可能产生的影响进行调查分析，会有效提高文件的质量。

第二，制定前征求意见的方面。征求意见的对象可以是本行政区域内的一般社会公众，也可以是利益相关的社会组织、企事业单位。来自社会的这些意见，能够使人民群众和利益相关者的利益诉求有效包含进规范性文件之中。一方面，它会使规范性文件内容更加具有合理性；另一方面，它也会使规范性文件获得社会的认同，在执行过程中得到社会的充分配合。

第三，文件目标设置的方面。规范性文件的目标设置围绕国家建设发展大局、充分体现时代要求，在内容上准确反映国家的重大决策部署精

---

〔1〕 陈仪："行政规范性文件后评估制度及其完善"，载《山东科技大学学报（社会科学版）》2020年第6期。

神，在调整手段上与时代要求相呼应，它的正当性就会更强，所产生的效果就会更好。

第四，文件内容创新的方面。规范性文件可以创造性地增设文件实施配套机制，增设保障公民合法权益的制度，对上级文件规定不明的事项作合理的补充解释，规范性文件也可以创造性地增设其它有利于完善行政管理体系的规定。在内容创新的过程中，如果紧紧围绕新时代社会政治发展理念，充分贯彻习近平法治思想相关要求，其创新品质往往较高。

第五，文件公开的方面。文件制成后及时向社会公布、保障社会公众知情权，有利于获得公众支持。规范性文件可以通过各种渠道进行宣传，使公众对其充分了解。公众知悉和认同度越高的文件，往往其实施度也就越高。

在进行经验总结的时候，不仅要注意那些颠覆式的、从无到有的创新，也要注意那些包含要素重组、结构重塑并带来较好治理效果的创新类型。

第六章

行政规范性文件后评估的价值

所谓价值，是指事物向主体呈现的有用性或积极意义。

价值和功能有相同的方面，即它们都是表达某种有用性；它们也有不同的方面，即价值侧重从主体和主观层面考察，而功能侧重从客观层面考察。本章分析行政规范性文件后评估活动的价值，主要是分析该项活动在当代中国法治建设、政治发展层面的积极意义。

第一节　后评估的法律实现价值

所谓法律实现，是指法律规范转化为现实秩序。行政规范性文件后评估对于法律实现具有重大价值。

一、行政规范性文件是法治体系的"毛细血管"

行政规范性文件是法治体系的"毛细血管"，是法治体系有效运行的重要支撑。结合当代中国法治发展历程，我们能够清晰看到行政规范性文件的重要性。

2011年3月10日，全国人民代表大会常务委员会时任委员长吴邦国同志向第十一届全国人民代表大会第四次会议作工作报告时宣布，我国已经形成了一个立足中国国情和实际、适应改革开放和社会主义现代化建设需要、集中体现党和人民意志的，以宪法为统帅，以宪法相关法、民法商法等多个法律部门的法律为主干，由法律、行政法规、地方性法规等多个层次的法律规范构成的中国特色社会主义法律体系。[1]自此，中国的法治建设进入新阶段，它由法律体系建设迈向法治体系完善优化。

"法律体系"概念的意义重心在于"立规矩"，解决改革开放以来"无法可依"的问题。在法律体系建设过程中，"有比无好，快比慢好"。在这一阶段，行政规范性文件议题尚未被充分重视。而"法治体系"概念的意义重心在于"塑秩序"，致力于把纸面规范转化为现实的社会秩序和治理效能。它要求全面推进"科学立法、严格执法、公正司法、全民守法"。在这一阶段，行政规范性文件作为法律和公共政策实施的"前沿"因素，就和法治建设密切相关了。

事实上，作为法治体系的"前锋"，行政规范性文件往往是人民群众感受法治、认知法治的触媒。虽然行政规范性文件不属于狭义层面的法律渊源，但它却是法治体系有机组成部分。一方面，行政规范性文件的顺利运行确保法律法规规章最终落地；另一方面，行政规范性文件及其实施可以积累各种治理经验，丰富法治实践，反过来为法治发展提供动力。

"制度的生命力在于执行。要强化制度执行力，加强制度执行的监督，切实把我国制度优势转化为治理效能。"[2]只有"毛细血管"通畅，机体的整个循环系统才能健康。对于行政规范性文件来说，它的顺利实施是整个法治体系最终见效的支撑。

二、问题性文件对法律实现的消极影响

总结实践经验，问题性行政规范性文件对法律实现会带来一系列消极影响。它主要表现在以下三个方面：

---

〔1〕 参见吴邦国："在形成中国特色社会主义法律体系座谈会上的讲话"载《中国人大》2011 年第 2 期。

〔2〕 参见韩正："加强党对坚持和完善中国特色社会主义制度、推进国家治理体系和治理能力现代化的领导"，载《党建研究》2019 年第 11 期。

（一）导致法律所承载的人民意志和国家意志落空

法律是人民意志和国家意志的表达。在实践中，有些行政规范性文件变更和歪曲法律，导致法律在最终环节无法准确落地。例如，某地的行政规范性文件对当地政府采购作出了偏离法律的规定。依据《政府采购法》，政府采购应采用公开招标、邀请招标、竞争性谈判、单一来源采购、询价、国务院政府采购监督管理部门认定的其他采购方式共六种方式，该地的规范性文件却仅规定了公开招标、竞争性谈判、询价三种方式，限制了政府的采购多样性。这样的情形极易引发权力寻租和行政纠纷。又如，某地在农村宅基地管理的规范性文件中规定，政府部门实施监督检查时，有权要求有关单位和个人提供相关资料、就有关情况作出说明、进入或查封现场、扣押工具、责令停止违法行为。这些措施偏离了法律规定，扩大了基层部门的权力，也容易导致人民群众权利受损，进而引发矛盾。

如果行政规范性文件存在大量违反法律的情形，法律就会被不断侵蚀甚至架空。

（二）不利于人民群众养成遵纪守法习惯

习近平总书记强调："全民守法，就是任何组织或者个人都必须在宪法和法律的范围内活动，任何公民、社会组织和国家机关都要以宪法和法律为行为准则，依照宪法和法律行使权利或权力，履行义务或职责。"[1]在建设法治国家、法治政府、法治社会的过程中，政府应带头守法，为社会营造积极的法治氛围。行政规范性文件制定及实施如果存在较多问题，不仅会严重损害法律的严肃性和权威性，也会腐蚀人民群众对法治和正义的信心。就此而言，行政规范性文件后评估致力于消除问题性文件，确保文件的合法性、提升文件的合理性。这在相当程度上，也是一种改善政府形象的努力。只有政府成为遵纪守法的模范，人民群众才能认可和遵守法律。

---

〔1〕　习近平：《论坚持全面依法治国》，中央文献出版社 2020 年版，第 23~24 页。

三、后评估活动疏通法治"毛细血管"

行政规范性文件后评估活动可以称之为"行政规范性文件的回头看"，通过对文件本身及其实施效果进行考察反思，可以疏通法治体系的"毛细血管"，促进法治体系落地生根。

一方面，后评估对行政规范性文件的制定程序进行审查，对其制定的民主性、科学性进行评估，也对行政规范性文件的制定内容本身的合法性、合理性进行审查，同时还测评它的实施效果。通过这些工作，可以把文件的问题和错误充分暴露出来，为这些问题和错误的克服创造条件。另一方面，后评估不同于备案审查，它不仅重视"挑错"，还重视对行政规范性文件制定实施过程中的成功经验进行总结。这就促使行政规范性文件同时具有了承接法律意志、反哺法律发展的效用。

总之，行政规范性文件"乱"，则整个法律体系"堵"；行政规范性文件"顺"，则整个法律体系"通"。行政规范性文件后评估工作关乎着国家法律能否充分地从纸面文字变为现实秩序。

第二节　后评估的权力监督价值

行政规范性文件后评估可被看作是一种政府内部监督的方式。在中国政治语境中，它具有显著的权力监督价值。我们以司法行政部门改革为切入点，对这一问题进行具体阐释。

一、司法行政体制改革与政府内部监督

2018年3月，第十三届全国人民代表大会第一次会议批准通过《国务院机构改革方案》，决定将原司法部与原国务院法制办公室职能进行整合。原来的司法部职能相对较窄，它主要担负"向下"的司法行政管理事务，具体包括法律援助、司法鉴定、戒毒、社区矫正、国家统一法律职业资格

考试等。原国务院法制办公室主要承担"向上"的政府法治咨询与参谋职能，具体包括调研重大法治问题、起草审查法律法规规章草案、清理编撰法规规章、推动行政复议制度改革等。司法部与国务院法制办公室合并之后，司法行政体系得到了重塑，成为推动全面依法治、推进法治政府建设、实施政府内部监督的主要机关。

在这一背景之下，主要由司法行政部门统筹负责的行政规范性文件后评估活动，就发挥了很重要的权力监督价值。

二、政府内部监督是一种独特的监督机制

行政规范性文件后评估作为一种政府内部的监督方式，在中国政治语境中具有独特的属性。我们把它和立法机关监督、审判机关监督、社会舆论监督进行比较，就能透视它的独特性。

（一）立法机关监督

立法机关的监督是指人民代表大会及其常务委员会对政府的监督。

我国《宪法》《地方各级人民代表大会和各级人民政府组织法》规定，全国人大常委会有权撤销国务院制定的同宪法、法律相抵触的决定和命令；国务院有权改变或者撤销各部、委员会的不适当的命令、指示和规章，以及地方各级行政机关不适当的决定和命令；县级以上的地方各级人大及其常委会有权撤销本级人民政府发布的不适当的决定和命令；乡镇人民代表大会有权撤销乡镇人民政府的不适当的决定和命令。行政规范性文件作为政府决定和命令的一种具体形式，相应人大及其常委会有权对其监督，并作出撤销决定。

在实践中，人大的行政规范性文件备案审查，就属于这种监督权的具体体现。这里需要我们注意，人大常委会的备案审查对象，主要是对应同级政府的行政规范性文件，不包括下级政府、政府部门的文件。

（二）审判机关监督

在我国，审判机关以附带审查的方式对行政规范性文件进行监督。

《行政诉讼法》第13条规定："人民法院不受理公民、法人或其他组织对行政法规、规章或行政机关制定、发布的具有普遍约束力的决定、命令提起的诉讼。"据此，相对人无法直接就行政规范性文件提起诉讼。但同时，《行政诉讼法》第53条规定："公民、法人或者其他组织认为行政行为所依据的国务院部门和地方人民政府及其部门制定的规范性文件不合法，在对行政行为提起诉讼时，可以一并要求对该规范性文件进行审查。前款规定的规范性文件不含规章。"

以上制度，使审判机关得以对政府及其部门的规范性文件进行审查监督。

（三）社会舆论监督

在西方国家，舆论监督被称之为"第四权"，被认为是保障民众权益，反映民众需求的直接监督手段。但舆论监督不是资本主义国家的专利，中共中央《关于全面推进依法治国若干重大问题的决定》就指出："加强党内监督、人大监督、民主监督、行政监督、司法监督、审计监督、社会监督、舆论监督制度建设，努力形成科学有效的权力运行制约和监督体系，增强监督合力和实效。"我国《宪法》第35条规定："中华人民共和国公民有言论、出版、集会、结社、游行、示威的自由。"亦从宪法角度保障公民舆论监督的权益。

在今天的信息时代，社会舆论对行政规范性文件制定与实施也发挥着越来越重要的监督作用。很多所谓"奇葩"政策文件，就是通过社会舆论监督的方式被推动修改和废止的。

（四）政府内部监督及其优势

顾名思义，政府内部监督是指来自于政府内部的一种监督形式。在实践中，它主要依托司法行政机关，对其他政府部门进行监督。目前来看，依托司法行政机关对其他政府部门进行的监督主要包括行政复议、规章与规范性文件审查评估、法治考核等等。可以说，近几年普遍推广的规范性文件后评估工作，就是政府内部监督的一种重要形式。它拓展了政府内部监督的边界，加强了政府内部监督的力度。

在比较的视域中，行政规范性文件后评估所承载的政府内部监督，具有如下优势。

第一，具有监督的全面性。人大的备案审查监督范围较窄，实践中只限于政府的规范性文件，不涉及政府部门的规范性文件；且其深度不足，主要涉及文件本身合法性问题。审判机关的监督属"一案一审"，只限于具体诉讼案件中涉及的相关规范性文件，主要涵盖征收费用、道路管制、宅基地建设等与民生密切相关的文件；那些未提起诉讼并附带审查的行政规范性文件即使存在问题，也无法进入审判监督的流程之中。在社会舆论监督中，能引起社会广泛关注、形成舆论热点的行政规范性文件亦不多见，社会舆论监督只能纠正非常有限的错误缺陷。相比而言，后评估这种监督方式，以"全面评估体检"的方式对行政规范性文件进行监督，就具有了监督全面性的优势。

第二，具有监督的主动性。人大监督以发文机关备案为前提，且审查深度受限；审判机关的监督秉持"不告不理"原则，它需要以具体的诉讼案件为前提，不能主动审查行政规范性文件的合法性问题；社会舆论监督则遵循"不热不理"原则，只有进入舆论场中的那些文件才会被纳入监督渠道。后评估所实施的监督，依托评估规划部署，对行政规范性文件展开"起底式"审查评估，具有很强的主动性。

第三，具有监督的充分性。人大备案审查主要涉及规范性文件的合法性问题，审判机关监督也主要限于文件的合法性问题，社会舆论监督涉及显著不合法不合理的问题。比较而言，后评估的监督则具有监督的充分性，不仅涉及合法性，也涉及合理性，还涉及实施度、效能性等方面。后评估的监督是一种较为充分的监督方式。它的监督广度和深度超过了其他几种监督方式。

三、内部监督的独特意义

通过行政规范性文件后评估，政府及其部门可以切实把握文件政策在制定和实施环节存在的问题，从而通过内部的动员，推进政策文本的优化以及实施的改进，甚至是推动资源投入以改善相关领域的治理状况。政府是行政规范性文件制定实施的第一责任人，从内部启动的监督，其实施成本相对较低，且其调整过程中所产生的影响相对容易控制。在中国政治语境中，这样一种来自政府体系内部的全面的、主动的、充分的监督力量，对于实现权力监督具有非常重要的价值。

第三节　后评估的政策体系自我革命价值

任何一个政策体系都是不完美的，也都是具有时效性的。它们需要根据条件和时势的变化而不断调整。促进政策体系进行调整的因素有很多，例如外部监督力量的推动、政策决策者的意志变化、政策实施效果不佳导致的"倒逼力"，等等。行政规范性文件后评估作为一种推动政策体系自我调整的力量，是一种来自行政体系内部的力量，是一种具有原生性质的力量。它通过反思行政规范性文件制定实施的得失，推动文件体系自我纠错。从这个角度看，我们可以把后评估当作推动政策体系自我革命的一项主要动力。

一、后评估推动政策体系自我革命的基本内容

具体看去，后评估活动对于政策体系的自我革命，主要体现在以下三个方面：

（一）推动文件制定主体的自我革命

制定主体是行政规范性文件的创制者，后评估工作通过优化提升文件制定主体的能力，来推动政策体系的自我革命。首先，后评估工作保障制定主体遵循民主科学的文件制定程序。在实践中，制定主体往往因程序意识淡薄或时间紧急，以内部会议等方式制定发布行政规范性文件。然而，通过后评估这样一个后端把关机制，可以倒逼制定主体在制定过程中严肃

遵循文件制定的程序和要求，以严格的审议程序，以及座谈会、研讨会、网上发布征求意见等多种形式确保文件制定过程的民主科学。须知，自觉遵守法定程序和法定要求也是一种主体能力，后评估通过后端反馈的方式促使政府及其部门养成这样能力。其次，后评估促进制定主体因"需"制件。实践中，制定主体有时会为了应付上级考核而制定行政规范性文件，并未考虑所在地区、所涉行业的现实情况，最终导致该文件实质沦为"空头文件"。事实上，行政规范性文件并非"越多越好"，而是要真正对所在地区、所在行业的社会关系发挥调整功能。后评估制度可以发现那些没有实效的"空头文件"，从而推动制定主体在制定过程中严肃认真，慎重地出台每一份行政规范性文件。

（二）推动文件内容的自我革命

文件内容是指行政规范性文件所确立的权利义务分配规则、行政活动措施手段、政策实施方法路径、文件执行保障机制等。后评估工作对文件内容的优化主要体现在以下方面。首先是文件内容的合法性。合法性是行政规范性文件的存在基础，制定时应秉持"不抵触"原则，对于法律法规规章和上级政策未规定的政府权力不应随意扩张，对于法律法规规章和上级政策赋予人民的权利和权益不应随意缩减。其次是文件内容的合理性。合理性意味着政策文件要能针对本地区的现实问题，所提出的方案要契合本地区治理需要和发展需求。通过后评估，可促进制定主体深入结合所在地区、所涉领域的现实情况，提出切实可行的方案。再次是文件内容的规范性。行政规范性文件是一种"准立法"，只有内容规范，才能在实施过程中精准高效。通过后评估，可以避免那些结构不合理、表达不清晰、规定不具体的文件进入到政策体系中。

（三）推动文件实施的自我革命

实施是一切行政规范性文件的落脚点，对实施能力的提升亦属政策体系自我革命的应有之义。后评估对于文件实施的改进优化主要体现在两个方面：首先是实施的充分性。在实践中，一些规范性文件被制定出来之后就束之高阁，责任机关的履职活动不依照行政规范性文件展开，导致实践与规范"两张皮"。还有一些规范性文件的实施度不足，其要求没有得到贯彻。通过后评估，可以将这些未经实施或实施不足的情况充分暴露，从而推进实施过程的优化。其次是实施的正当性。政策文件的精准落实，需要依赖正当的程序。只有程序正当，才能确保结果正当。在实践中，一些政策文件实施部门采用粗暴的、畸轻畸重的、选择性的、主观肆意的实施方式，导致规范性文件的实施效果被不正当的实施方式所严重抵消，甚至还激化了官民矛盾，引发了重大行政争议。通过后评估对文件实施过程进行检视，可以反过来督促实施机关依法履职、规范管理、公正服务，真正做到政策执行"以人民为中心"。

二、政策体系自我革命的意义

在西方的法治实践中，通过"分权制衡"实现对行政权力的监督，保障政府治理的规范化。但我国的情况不一样，在党的领导下，政府是推进自身法治建设的第一责任人，它有责任通过各种方式挖掘政府内部法治化、规范化和现代化的潜力，有责任从内部推进权力监督。党的十八大以来，行政复议体制改革、规章和行政规范性文件的审核评估、行政体系内部的法治督察等等，都是政府推进自身法治建设的具体表现。可以说，政府自身也在经历着一场自我革命。我们把行政规范性文件放到这场自我革命中，就能看到它对政府法治建设和国家治理优化的积极价值了。

下　篇

技　术

第七章

行政规范性文件后评估的模式

规范性文件后评估的模式，也可以称为规范性文件后评估的种类，是按照不同评估主体所进行的分类。规范性文件后评估的主体是指组织、实施、参与规范性文件评估的个人、团体或组织。在实践中，承担这一角色的主体有很多，比如文件制定与实施机关、政府法制机构或者是专业的第三方评估机构等。在评估过程中，选择不同的评估主体会对评估指标体系、评估方法和评估结论产生不同的影响。按照评估主体的不同，规范性文件后评估的模式大体可分为司法行政部门评估模式、发文主体自评估模式和委托第三方评估模式三种。

第一节　司法行政部门评估模式

司法行政部门是我国国家机关的重要组成部分，在我国司法体系和法治建设中占有重要地位。新中国成立后，根据 1949 年《中央人民政府组织法》，国家于 1949 年 10 月 30 日设立了中央人民政府司法部。1954 年《宪法》颁布后，它改称中华人民共和国司法部。2018 年 3 月，第十三届全国人民代表大会第一次会议批准通过国务院机构改革方案，决定将原司法部与原国务院法制办公室职能进行整合，构建了新的司法部，并且将中央全面依法治国委员会办公室设在司法部，进一步明确了司法部在全面依法治国的大背景下的职能定位。随着司法部的改革，整个司法行政体系也随之改革。

目前，司法行政部门的职能包括：监督和指导监狱执行刑罚、改造罪犯的工作，监督和指导劳动教养工作；制定法制宣传教育和普及法律常识规划并组织实施，指导和检查政府依法治理工作，指导对外法制宣传工作，管理法制报刊；监督和指导公证机构和公证业务活动；指导人民调解和司法助理员工作；管理部直属的高等政法院校，指导全国的中等、高等法学教育工作和法学理论研究工作；指导司法行政系统的队伍建设和思想政治工作，协助管理司法系统领导干部等。[1]在我国国家治理体系中，司法行政部门属于行政机关，是人民政府的法制机构。

行政规范性文件的司法行政部门评估模式，即是由各级司法行政机关统筹、组织和实施对行政规范性文件的评估工作。

一、司法行政部门评估的地方实践及共性特征

2015年中共中央、国务院印发《法治政府建设实施纲要（2015－2020年）》，纲要要求："提高政府立法质量，构建系统完备、科学规范、运行有效的依法行政制度体系，使政府管理各方面制度更加成熟更加定型，为建设社会主义市场经济、民主政治、先进文化、和谐社会、生态文明，促进人的全面发展，提供有力制度保障。"[2]为贯彻落实纲要要求，地方政府陆续开启了规范性文件后评估工作。例如，河南省濮阳市于2014年9月印发实施了《濮阳市人民政府规范性文件后评估办法》，要求以市政府依法发布并已生效施行的规范性文件为后评估对象，根据规范性文件后评估年度计划，由市政府法制机构协调组织有关规范性文件执行机关及相关学会协会、社会组织等开展后评估工作[3]；湖北省咸宁市于2018年12月印发实施了《咸宁市行政规范性文件实施后评估办法》，要求市、县（市、

---

〔1〕　参见中华人民共和国司法部网站。

〔2〕　参见中共中央、国务院印发的《法治政府建设实施纲要（2015－2020年）》第9～13条。

〔3〕　参见《濮阳市人民政府规范性文件后评估办法》第4条。

区）人民政府法制机构、各部门法制机构分别负责本级人民政府和本部门规范性文件实施后评估的组织、指导、协调和监督工作[1]；北京市西城区于 2020 年 11 月印发实施了修订的《北京市西城区行政规范性文件管理办法》，要求区司法局负责区政府行政规范性文件的审核、备案、清理、评估、监督等管理工作。

审视如上实践，虽然各地在规范性文件后评估的启动时间上有差异，在评估标准上也略有区别，但仍然存在一些共性特征。

第一，司法行政部门（即政府法制机构）在规范性文件后评估过程中发挥着重要的甚至主导性作用。相关制度明确要求由司法行政部门负责规范性文件的审核、备案、清理、评估、监督等管理工作。

第二，外动力来源一致。地方开展由司法行政部门牵头的规范性文件后评估，其动力主要来源于自上而下的部署要求。

第三，司法行政部门评估模式依赖政府信息共享与公开。司法行政部门在评估过程中，需要通过信息共享和公开，充分搜集评估所需资料，文件实施部门负有按时、充分提交评估材料的责任。

二、司法行政部门评估模式评析

在后评估过程中，选择不同的评估主体会对评估指标体系、评估方法和评估结论产生不同的影响。司法行政部门评估模式也存在自身的优势及不足。

结合实践审视，司法行政部门评估的优势在于，司法行政部门是政府机关的法制机构，同时也是规范性文件实施前的备案审查机构（它和人大备案审查不同），它较为了解规范性文件起草的背景、目的和过程，也容易进行资料收集。另外，由于它是"异体评估"，便于发现文件存在的问题和缺陷，便于将评估结果充分转化运用。

但同时，司法行政部门评估模式的不足在于，它普遍存在人手不足的

---

[1]　参见《咸宁市行政规范性文件实施后评估办法》第 5 条第 2 款。

情形。新的司法行政部门已然承担了非常繁重的业务，再由它亲自实施后评估工作，会导致工作负担过重，无法将工作可持续展开。

第二节　发文主体自评估模式

发文主体自评估，是指由制定和实施规范性文件的部门实施评估。制定和实施规范性文件的主体主要有：各级人民政府、县级以上人民政府派出机关、县级以上人民政府工作部门、乡镇人民政府、依法授予行政管理权的组织和机构。

一、发文主体自评估的地方实践

发文主体自评估实践同样具有很多实践案例。例如，浙江省湖州市于2020年11月发布施行了《湖州市水利局行政规范性文件制定后评估制度》，其规定规范性文件后评估按照"谁起草、谁评估、谁负责"的原则，由规范性文件起草处室（单位）负责组织实施行政规范性文件制定后评估工作[1]。重庆市江北区于2021年2月发布施行了《重庆市江北区行政规范性文件制定后评估制度》，规定一般由起草机关负责组织实施行政规范性文件制定后评估工作，部门联合制定或涉及多个部门职责的，由牵头部门负责组织，有多个实施部门的，主要实施部门为后评估责任单位，制定机关被撤销或职权已调整的，由继续行使其职权的机关负责[2]。贵州省贵阳市南明区于2022年4月发布施行了《南明区行政规范性文件后评估制度（试行）》，规定一般由起草单位负责组织实施行政规范性文件制定后评估工作，部门联合制定或涉及多个部门职责的，由牵头部门负责组织，有多个实施部门的，主要实施部门为后评估责任单位，制定单位被撤销或

---

〔1〕　参见《湖州市水利局行政规范性文件制定后评估制度》第3条。
〔2〕　参见《重庆市江北区行政规范性文件制定后评估制度》第5条。

职权已调整的，由继续行使其职权的单位负责。[1]

　　总体看来，由制定和实施主体进行规范性文件后评估，是目前各地采用较多的一种模式。

二、发文主体自评估模式的评析

　　由发文主体对规范性文件进行后评估，其优势较为明显：其一，评估机关往往拥有较为丰富的人力和物力资源，能为后评估工作提供较为充分的物质保障；其二，评估机关掌握关于规范性文件制定、实施的丰富信息，能使后评估有充分的信息保障；其三，它的评估结果能够直接与文件的修改、废止相衔接。

　　然而，这种由文件制定实施主体进行的评估工作属于"同体评估"的范畴，它具有明显的不足。比如，它会导致评估的公正性不足，评估机构可能会避开不利于本部门的相关问题；又如，评估的权威性不足，公众会对相关评估结果缺乏信任；再如，会使评估异化为自我论证和自我表彰，使评估活动丧失其初衷。有学者指出，"要求公共组织对自己的行为作出客观公正的评价实非易事"。这是因为，"首先，评价意味着批评，对公共组织成员来说就是对他们能力的质疑，影响自己的声誉，因而评价往往夸大成绩，掩盖失误；其次，评价往往代表着某一组织的局部利益，这使得绩效评价容易走向片面并带有浓厚的主观色彩；最后，绩效评价是一项复杂而细致的工作，需要评价者掌握相关的理论知识，并熟悉专门的方法技术，而公共组织人员本身往往缺乏这方面的系统培训。"[2]结合实践中出现的一些问题，这些看法都不无道理。

　　应当对发文主体自评估这种被普遍采用的模式进行一系列的优化。其中，最现实可行的有三个方面：其一，将其它主体纳入评估活动中。在这

---

　　〔1〕　参见《南明区行政规范性文件后评估制度（试行）》第 4 条。
　　〔2〕　汪全胜、金玄武："立法后部估的触发机制——国家与社会联动的视角"，载《中共中央党校学报》2009 年第 5 期。

方面，一些法律法规后评估实践值得借鉴。例如，自 2005 年起，上海市人大常委会对《上海市历史文化风貌区和优秀历史建筑保护条例》等 15 部地方性法规进行立法后评估，其评估主体包括有关政府部门、人大代表、社会公众、专家学者等机构和个人。它引入多方主体参与立法后评估活动，有效增强了评估客观性。其二，司法行政部门应当对整个评估活动进行严肃的指导与监督，督促文件制定和实施机关严肃客观展开评估工作。其三，司法行政部门可对评估部门提交的评估报告，组织专家进行评审，评审合格的予以验收；评审不合格的要求其重新展开评估。

第三节　委托第三方评估模式

从法理角度看，委托第三方评估不构成一种单独的评估模式。因为受委托的第三方主要负责技术层面的操作，最终的评估责任要由委托方来承担。但就实践层面而言，一旦委托了第三方进行评估，实际的评估工作就主要由第三方完成，第三方对评估质量、评估结果有重大影响力。为此，我们把委托第三方进行评估的情形，视为一种独立的评估模式。

一、委托第三方评估的地方实践

在第三方评估中，"第三方"的"独立性"被认为是保证评估结论公正的起点，而"第三方"的专业性则被认为是保证评估结论公正的基础。在西方，多数情况下是由非政府组织（NGO）或一些专业的评估机构、研究机构充当"第三方"。在我国，参与评估工作的"第三方"被赋予了不同于西方的多种理解。比如，包国宪教授将"第三方评估"的概念解释为：第一方评价是指政府部门组织的自我评价；第二方评价是指政府系统内，上级对下级做出的评价，这都属于内部评价；而第三方评价是指由独立于政府及其部门之外的第三方组织实施的评价，也称外部评价，通常包括独立第三方评价和委托第三方评价。倪星教授等认为，在第三方评估中，第一方评估是指政府内部评估，第二方评估是指来自普通公众的外部评估，不同于这两方的是独立的专业性机构的评估。也有学者认为，第三方评估是区别于由政策制定者和执行者进行的评估。第三方的主体可以是多样的，包括受行政机构委托的研究机构、专业评估组织（包括大专院校和研究机构）、中介组织、舆论界、社会组织和公众等。第三方评估作为一种必要而有效的外部机制，弥补了传统的政府自我评估的缺陷，在促进服务型政府建设方面发挥了不可替代的促进作用。

在行政规范性文件后评估实践中，委托第三方评估是指司法行政部门或文件制定实施单位作为最终责任主体，委托独立的第三方专业评估机构，依照特定程序和标准对规范性文件进行评估。

委托第三方评估模式在当前实践中已经具有丰富的案例。例如，浙江省杭州市于 2021 年 12 月发布施行了《杭州市卫生健康委员会 2021 年度行政规范性文件施行后评估报告》，要求专项评估工作由受委托的第三方评估机构组织开展，文件起草实施处室、单位予以配合，提供与评估有关的材料、数据以及其他必要的支持〔1〕。北京市石景山区于 2022 年 11 月发布施行了《北京市石景山区行政规范性文件备案审查与后评估工作规定》，规定规范性文件后评估工作可以由评估单位自行组织实施评估，也可以根据需要委托评估机构、高等院校等协助进行评估，受委托机构开展后评估，其制定的评估方案应当经委托单位审核同意〔2〕。重庆市丰都县于 2022 年 12 月发布施行了《丰都县行政规范性文件制定后评估制度》，规定评估单位可以自行组织实施评估，也可以委托高等院校、专业机构、社会组织等第三方机构开展评估，受委托的第三方机构应当具备相关专业知识、专业资质和行业权威，评估过程中始终保持独立性、公正性，禁止预先设定结论性、倾向性意见，文件制定前承担主要论证评估工作的专业机

---

〔1〕　参见《杭州市卫生健康委员会 2021 年度行政规范性文件施行后评估报告》第三点第（一）项。

〔2〕　参见《北京市石景山区行政规范性文件备案审查与后评估工作规定》第 18 条。

构和社会组织等，不得参加文件后评估[1]。

二、委托第三方评估模式的评析

从第三方评估的过程来看，委托了某独立的第三方评估机构后，应给予第三方评估机构足够的自主权，使其可以独立展开工作。尤其当委托单位是文件的制定与实施部门时，这点尤为重要。毕竟，只有保证评估组织的超脱地位，才能有效地避免评估工作不受不必要的干扰，保障评估的客观性。

结合实践，委托第三方评估的优势在于，第三方往往具有专门知识和技术，同时，由于第三方具有独立的人格和身份，更容易得到行政相对人的信任，能够更加科学地评估文件实施效果。然而，它的劣势则在于，由于实践涉入不深，往往较难把握文件的精神脉络和实践重点，会导致评估结果缺乏足够的针对性。另外，在目前阶段，诸多第三方评估机构发育不完全，评估能力还有所欠缺。

在委托专业性社会机构进行评估方面，江苏省苏州市于 2012 年 3 月起施行的《苏州市政府规章立法后评估办法》规定了具体的做法，值得我们借鉴参照。该办法第 6 条规定："评估实施机关可以根据需要，将规章立法后评估的有关事项委托高等院校、科研机构、行业协会（商会）、社会中介机构等单位进行。受委托评估单位应当具备下列条件：（一）熟悉被评估规章所依据的法律、法规和所涉及的行政管理事务；（二）具有三名以上熟练掌握规章立法后评估方法、技术的人员；（三）相关人员参与规章立法后评估的时间能够得到保证；（四）具备开展规章立法后评估工作的必要设备、设施。"它对评估机构的资质和能力进行了规定，能够对各类第三方评估机构的自身建设发挥指导作用，也能给司法行政部门、文件制定实施部门选择合适的第三方提供一个参考标准。

---

[1] 参见《丰都县行政规范性文件制定后评估制度》第 8 条。

第八章

行政规范性文件后评估标准

行政规范性文件后评估标准是一种价值尺度和行为准则，是整个行政规范性文件后评估中至关重要的因素。现阶段，我国尚未制定行政规范性文件后评估的全国性法律规范，也尚未确立统一的评估标准。地方在出台相关后评估政策时所确定的标准也各有不同。本书在参照各地实践经验的基础上，更加细化地从发文权限、制定程序、概念运用、语言表达、权利义务、配套措施、实施成本、创新性、协调性、可操作性、营商环境、国家改革精神与发展形势、文件实施度与文件的总体品质等方面，阐述制定行政规范性文件后评估标准所要着重考虑的因素。

第一节　发文主体是否具有权限

一、明确发文主体是否具有权限的意义

行政规范性文件，是指除国务院的行政法规、决定、命令以及部门规章和地方政府规章外，由各级政府或者经法律法规授权的具有管理公共事务职能的组织依照法定权限、程序制定并公开发布，涉及公民、法人和其他组织权利义务，具有普遍约束力，在一定期限内反复适用的公文。明确发文主体是否具备发文权限，是从源头上判断一份文件本身是否为法定意义上的行政规范性文件必不可少的方法，进而能够有利于从源头上解决无

发文权限主体随意发文、有发文权限的主体越权发文的乱象，达到严控发文数量、提高发文质量的目的。

二、明确发文主体是否具有权限的路径

发文权限出现的问题，通常表现为无权发文和越权发文两个方面。因此，想要解决发文权限的问题，可以对症下药地从发文主体本身是否为法定发文主体与法定发文主体是否超越其法定职权范畴进行发文两个方面解决发文权限相关问题。

第一，明确行政规范性文件的发文主体是否属于法定发文主体。我国行政规范性文件的法定发文主体包括以下几类：各级人民政府，县级以上人民政府依法设立的工作部门，县级以上人民政府的派出机关和派出机构，法律、法规和规章授权的具有管理公共事务职能的组织。需要注意的是，行政规范性文件的发文主体不包括诸如临时机构、议事协调机构、政府工作部门的派出机构、部门内设机构等。在制定发布行政规范性文件时，法定发文主体可能仅由单独的一个部门构成，也可能是由两个或两个以上部门联合发文。

第二，法定发文主体是否超越其法定职权范畴发文。2018 年国务院办公厅发布的《关于加强行政规范性文件制定和监督管理工作的通知》严令禁止越权发文的现象，明确指出行政规范性文件的发文主体必须坚持"法定职责必须为，法无授权不可为"的原则。从该《通知》规定中可以明确国务院所指的越权发文行为主要包括以下几类：一是发文主体未严格落实责任清单制度，在文件中增加了法律、法规之外的行政权力事项或是减少了其自身的法定职责；二是发文主体在文件中设定了行政许可、行政处罚、行政强制等事项，增加了办理行政许可事项的条件，规定了出具循环证明、重复证明、无谓证明等内容；三是文件中存在相关减损公民、法人和其他组织的合法权益或是增加其义务的规定，侵犯了公民的人身权、财产权、人格权、劳动权、休息权等基本权利；四是发文主体超越职权规定

应由市场调节、企业和社会自律、公民自我管理的事项；五是违法制定含有排除或者限制公平竞争内容的措施，违法干预或者影响市场主体正常生产经营活动，违法设置市场准入和退出条件等。上述通过列举的方式规范了发文主体的权限。法定发文主体在进行制定发布行政规范性文件相关工作时，应当始终明确自己有权制定发布行政规范性文件所涉及的事项和内容等方面的具体权限范畴，始终坚持在法定职权范围内发文。

第二节　制定过程是否民主科学

一、行政规范性文件制定过程强调民主科学的意义

一方面，行政规范性文件通常是对法律与上级政策的进一步细化规定，它又直接涉及公民、法人和其他组织的切身利益。因此，在文件制定过程中，在没有特殊情况下，向社会公开征求意见是确保公民、法人和其他组织的合法权益能够得到切实保障的重要途径，也是确保文件制定过程民主化的重要途径。另一方面，在文件制定过程中除了贯彻民主原则外，文件科学性也应当引起重视。在文件制定过程中，应当对即将起草的文件所涉及到的相关领域的实际情况进行充分调研、广泛吸纳相关领域专家学者意见和建议。在文件制定过程中强调民主科学，不仅有利于政府决策充分体现人民意志，同时对于促进政府决策理性化也具有重大意义。

二、界定行政规范性文件制定过程是否科学、民主的路径

关于如何判断行政规范性文件制定过程中是否贯彻了民主科学原则，可着力关注以下五个方面。

第一，文件制定过程中是否积极开展调研论证。国务院办公厅《关于加强行政规范性文件制定和监督管理工作的通知》指出："起草行政规范性文件，要对有关行政措施的预期效果和可能产生的影响进行评估……对专业性、技术性较强的行政规范性文件，要组织相关领域专家进行论证。"

《江西省行政规范性文件管理办法》第 11 条规定："行政规范性文件起草部门应当对行政规范性文件制定的必要性、可行性和拟解决的主要问题等事项进行调查研究……对专业性、技术性较强的行政规范性文件，应当组织相关领域专家进行论证。"在文件制定过程中，应当对文件制发的必要性、可行性、合理性和拟解决的重点问题等方面进行全面的分析论证。文件制发主体可以通过组织实地考察走访、座谈会、听证会等形式对文件的必要性、可行性、合理性、预期效果等重要方面进行论证。在组织召开听证会、座谈会时可以邀请相关领域的专家学者参与，充分听取专家学者的意见和建议，确保文件的科学性。以北方某区制定的《××区支持企业上市挂牌发展办法》为例，在该文件制定之前，该区金融办举办专家研讨会，邀请区内上市挂牌和拟上市挂牌企业以及资本市场专业服务机构负责人等参与政策修订研讨，吸纳企业和专业机构提出的有关意见和建议。这些制定前的调研论证虽然无法保障制定出来的文件完美无缺，但对于提升文件的问题针对性却非常有价值。

第二，制定过程中是否就文件的核心问题向社会广泛征求意见。在文件制定过程当中，除法律有特殊规定外，涉及群众切身利益或者对公民、法人和其他组织权利义务有重大影响的文件，应当充分向社会广泛征求意见。在文件征求意见过程中，相关部门应当为公众提供便捷的意见征求渠道，比如可以在其门户网站、新闻发布会、报刊、广播、报纸等渠道发布便于公众了解文件内容的材料，并明确规定意见征求的通道、起止时间等，为公众打造一个良好的意见征求平台，使意见征求真正落到实处，保障文件的民主性。以北方某区制定的《××区征收城市基础设施建设费暂行办法》为例，在该文件出台前，该区相关部门就征收城市基础设施建设费的核心问题以微信平台、官网、其他互联网平台等多种方式向社会广泛征求意见。这些来自社会的意见，能够使人民群众和利益相关者的利益诉求有效包含进规范性文件之中。一方面，它会使规范性文件内容更加具有合理性；另一方面，它也会使规范性文件获得社会的认同，在执行过程中得到社会的有效配合。

第三，文件起草完毕后，是否对其进行严格的审核。由于各种客观因素和主观因素，一份文件在其制定过程中，不可能考虑到其所涉及的方方面面的问题并制定出与之相关十全十美的政策措施。文件起草完毕后对行政规范性文件进行审核，是对文件在制定过程中的缺陷与问题进行纠正，是一种自我把关行为。

第四，文件制成后是否及时向社会公布。规范性文件与公民、法人和其他组织的权利义务息息相关，公众对文件应当享有知情权。若文件制成后不及时向公众公开，会侵害公众的知情权。文件形成后，应当通过一定的途径及时对文件进行公布。根据国务院办公厅《关于加强行政规范性文件制定和监督管理工作的通知》的有关规定，行政规范性文件应当及时公开发布，"行政规范性文件经审议通过或批准后，由制定机关统一登记、统一编号、统一印发，并及时通过政府公报、政府网站、政务新媒体、报刊、广播、电视、公示栏等公开向社会发布，不得以内部文件形式印发执行，未经公布的行政规范性文件不得作为行政管理依据。"因此，相关政府应当通过政府门户网站、政务新媒体、报刊、广播、电视、公示栏等途径及时公布文件。

第五，是否规定了相关配套措施。在政策实践中，责任主体应当建立健全相关配套机制来保障文件得以有效实施，使文件具有实际可操作性。评估时，评估主体具体可以从以下四个方面着手判断：一是是否建设和配给了有利于文件实施的基础设施；二是是否规定了实现政策目标的措施和手段；三是是否明确了政策执行单位，是否规定了执行单位的职权和责任；四是否建立了有效的监督机制以防止文件执行跑偏走样。

第三节 概念运用是否准确

一、准确运用概念的意义

概念是人的一种意识活动，其不可避免地具有主观性。因此，在制定行政规范性文件的过程中，必须尽可能地去摆脱因主观性所导致认识偏差，即尽可能准确地运用相关概念，保证行政规范性文件内容的严谨性。在行政规范性文件中准确使用相关概念，对于执法者来说，有助于其准确理解文件中的重点内容的确切含义，避免产生理解上的分歧，保障行政规范性文件能够得以准确地贯彻执行。对于行政规范性文件的相对人及其他利益相关者来说，方便其在准确理解行政规范性文件重点内容的同时，更好地确定自己合法的权利、应尽的义务。

二、准确运用概念的方法及对概念运用状况的判断

文件起草人员承担着确保概念准确的基本责任。为了使文件中相关概念精准规范，文件起草人员应当从以下方面做起。首先，起草人员应当注重提升自身专业素养，对文件所涉及的相关领域的专业概念进行全面系统的学习。其次，起草人员应当加强对拟起草文件相关的法律、法规、规章以及相关领域的行政规范性文件等一系列法律规范的学习，尤其是重点加强对相邻、近似概念的辨析，为精准适用概念打好基础。此外，起草人员还可以通过其他途径加强对相关专业概念的理解，例如，广泛听取公民、利益相关方和专家的意见。以北方某区制定的行政规范性文件《关于落实户有所居加强农村宅基地及房屋建设管理办法（试行）》为例，文件将上级政策中规定的"村民对建设房屋的质量安全负总责"改为"村民对建设房屋的质量安全负全责"。这是一个典型的概念运用不准确的案例，其上级政策中的"总责"是一个立体性的概念，涉及到整个房屋建设的职责管理全过程，而"全责"是责任末端的、平面的概念，属于责任分配范畴。

因此，如果不对文件中的相关概念进行准确理解，那么很有可能出现理解上的误差，导致上下级政策的差异。在评估过程中，评估人员应当着重关注那些涉及机关职责、公民权利义务的概念。

第四节　语言表达是否准确

一、准确进行语言表达的意义

语言表达准确，指行政规范性文件的制定者在文件拟稿起草文件时，要做到对即将发布实施的相关政策整体内容进行准确无误的表达，使具备正常阅读能力的读者在阅读文件时能够流畅无阻地理解文本内容。概念准确、语言表达准确都属于行政规范性文件制定过程中技术层面的问题，二者功能相似，都是为了使读者能够顺利阅读行政规范性文件并准确理解其所欲传达政策的含义。

二、界定语言表达是否准确的方法

关于行政规范性文件的语言是否具备准确性，可以从以下三个方面进行判断。

第一，行政规范性文件的语言运用是否做到专业严谨。行政规范性文件作为行政机关公文的一种，其对语言的运用应当符合行政机关公文的相关要求，应当选择庄重的文体风格和专业化的语言形式。

第二，行政规范性文件的语言运用是否符合规范要求。关于行政规范性文件语言运用是否符合规范的要求，根据对相关学者观点的研究，本书认为可以从以下六个方面进行判断：一是是否正确运用功能不同的词组、短语、句式、时态。尤其需注意对行政规范性文件时态的选择，因为时态的错误将可能对文件本身时效、具体实施时间、完成时间等至关重要的内容造成难以估量的负面影响。二是语言修辞方面，要求使用书面语言，不用口语、方言、俗语、土语等。三是句法方面，要求连贯、周密、简洁。

四是句序方面，采用顺序方式，不用倒叙或插叙。五是章法方面，要求文件文本完整流畅、清楚明白。六是文体方面，采用叙述式，不用议论的方式或夹叙夹议的方式。[1]

第三，行政规范性文件格式是否符合相关要求。行政规范性文件格式可以参照法律、法规、规章的基本格式，结合自身内容妥当设计。行政规范性文件的格式可以参照《国家行政机关公文处理办法》和《党政机关公文格式》处理。首先，名称设计应当遵循一定的形式结构包括通知、通告、意见、决定、规定、办法等。其次，名称要简洁，原则上不使用"试行""暂行"等字眼。再次，条文设置可以参照立法的条文结构：章、节、条、款、项、目等。最后，关于字体格式，参照《党政机关公文格式》中的规定，例如使用 3 号仿宋字体、无特殊说明情况下一般字体颜色为黑色等。

第五节　行政机关权力是否扩张与职责是否削减

一、明确行政机关职责是否削减与权力是否扩张的意义

行政机关是规范性文件制定与实施直接的责任主体。行政机关权力的扩张会直接损害到国家、社会和公民的利益，引发权力的异化和腐败的滋生。行政机关职责的缩减则会导致行政不作为，出现懒政怠政现象，导致行政规范性文件形同虚设。无论是权力的扩张还是职责的削减，都可能对行政规范性文件实施效果产生消极影响，不仅浪费了大量的行政资源，还会使政府廉洁性与公信力受损。

二、界定行政机关权力是否扩张与职责是否削减的方法

目前，我国在政府法治建设实践过程中，形成了一系列判断行政机关

---

〔1〕　参见杨临宏：《立法学：原理、制度与技术》，中国社会科学出版社 2016 年版，第 303~315 页。

是否扩张权力和削减职责的经验。例如，国务院办公厅发布的《加强行政规范性文件制定和监督管理工作的通知》明确规定："严禁越权发文。坚持法定职责必须为、法无授权不可为，严格按照法定权限履行职责，严禁以部门内设机构名义制发行政规范性文件。要严格落实权责清单制度，行政规范性文件不得增加法律、法规规定之外的行政权力事项或者减少法定职责；不得设定行政许可、行政处罚、行政强制等事项，增加办理行政许可事项的条件，规定出具循环证明、重复证明、无谓证明的内容；不得违法减损公民、法人和其他组织的合法权益或者增加其义务，侵犯公民人身权、财产权、人格权、劳动权、休息权等基本权利；不得超越职权规定应由市场调节、企业和社会自律、公民自我管理的事项；不得违法制定含有排除或者限制公平竞争内容的措施，违法干预或者影响市场主体正常生产经营活动，违法设置市场准入和退出条件等。"

对于职责削减的判断，则可以参照相关组织法、法规、规章、上级部门规范性文件、同级其他区域同类型规范性文件，通过职责比对等方式进行确定。

第六节　权益是否减损与负担是否增加

一、明确权益是否减损与负担是否增加的意义

明确权益是否减损与负担是否增加是指在行政规范性文件后评估过程中，侧重从文件实施相对人即公众的角度制定的一条标准。将该标准作为行政规范性文件后评估的一个评价准则，有助于提升对相对人权利与义务的关注度，提升评估活动对核心问题的把握度。将权益是否减损与负担是否增加作为评估标准，也能够促使行政规范性文件的实施主体在具体贯彻执行过程中重视文件所蕴含的政策初心，重视对相关利益主体合法权益的保障。

二、界定权益是否减损、负担是否增加的方法

关于如何界定行政规范性文件是否减损了公众的权益或者增加了其负担，主要是通过与文件的相关上位法、上位政策作比较，评估文件是否存在没有法律法规依据下作出减损公民、法人和其他组织合法权益或者增加其义务的情形。

违背相关上位法、上位政策设定权利义务，容易造成对公民、法人和其他组织的合法权益的损害。例如，在李某诉盐津县人力资源和社会保障局工伤保险待遇行政给付纠纷案中，李某不服盐津县人力资源和社会保障局的决定，该决定依据《关于职业病患者参加工伤保险及待遇等有关问题的通知》的规定只支付其工伤保险待遇的 30% 份额。李某提起行政诉讼，并对通知提起附带合法性审查。法院审理认为，根据《劳动法》《社会保险法》《工伤保险条例》的相关规定，国家建立工伤保险制度的立法目的在于保障因工作遭受事故伤害或者患职业病的职工获得及时的医疗救治和经济补偿。作为相关领域的行政规范性文件，应当与国家立法在目的上保持一致。法院在对相关证据进行审查后认为，通知中只支付 30% 保险待遇的规定，无法确保李某的合法权益被保障。因此，通知中的相关规定与其上位法的立法目的相互冲突，减损了公民的合法权益。

法院审判中这种参照上位法、上位规定的做法，值得我们在评估过程中参考。另外，我们还可以采用同类文件横向比较的方法进行判断。

第七节　实施配套措施是否充分

一、制定充分配套措施的意义

2019 年 3 月，中共中央办公厅印发了《关于解决形式主义突出问题为基层减负的通知》，同年 4 月，中共中央又印发了《关于持续解决困扰基层的形式主义问题为全面建成小康社会提供坚强作风保证的通知》，要求

地方各级基层单位贯彻落实中央和上级文件，"可结合具体实际制定务实管用的举措""不发不切实际、内容空洞的文件"。按照文件精神，在制定相关行政规范性文件时，应当制定充分完备的配套措施，确保政策落实有支撑保障。充分完备配套措施是保障行政规范性文件得以充分落实的物质基础，若一份规范性文件仅仅只传达政策目标而不制定相应的配套措施，那么这份规范性文件无异于"一纸空文"。

二、评估配套措施是否充分完备的方法[1]

第一，配套措施是否体现行政规范性文件的初衷。配套措施是贯彻执行行政规范性文件具体规定所采取的方式、手段等，所采取的相关配套措施必须能够体现行政规范性文件的初衷，把握其功能定位，突出其重点内容，因此相关配套措施要做到务实管用、简便易行，切忌形式主义。

第二，配套措施是否对行政规范性文件相关要求进行细化。细化是起草配套措施的主要方式和基本要求。首先，在对行政规范性文件进行细化时，应当对相关配套措施的内容是什么、实施主体是谁、怎样实施、达到怎样的标准等一系列关键问题进行程序化、具体化、精准化表达，避免模糊不清的原则性表达。其次，在细化时，应当注重配套措施是否承接中央、上级政策，要把中央和上级的原则性要求转化为具体的措施，避免出现与中央、上级政策"打架"的情形。最后，在细化时还应当注重工作创新，在制定相关配套措施时应结合实际创造性地贯彻落实行政规范性文件的规定，采取符合实际的创新性配套措施，提升行政规范性文件的落实效率。但需要注意的是，采取的创新性措施必须坚持实事求是的原则，不能为了创新而创新。

第三，配套措施是否明确了执行责任。制定配套措施，非常重要的一点是应当明确"谁来落实""怎样落实""完成标准""奖惩方式"等基本问题，确保行政规范性文件的目标有具体的实现路径和机制保障。

---

〔1〕　张勇："制定配套措施宜做到'三精'"，载《秘书工作》2020年第8期。

第八节 行政规范性文件的制定实施成本是否合理

一、合理规划行政规范性文件制定实施成本的意义

行政规范性文件的成本，是指在行政规范性文件制定和实施过程中所耗费的资源。在评估的过程中，应当具有明确的"成本-收益"意识。通过"成本-收益"评估，促进规范性文件效能的提升。随着我国治理体系和法治体系的不断现代化，降低规范性文件的制定和实施成本，提高其社会经济效益，成为一项基本要求。

二、评估行政规范性文件制定实施成本是否合理的方法

一项规范性文件制定与实施成本合理的标准，是总体收益大于总体消耗。在评估成本收益时，需要有科学的方法，才能进行正确的核算。

第一，成本收益的核算，既要算"经济账"，也要算"社会账"和"政治账"。也就是说，既要考虑直接的经济方面的付出与收益，也要看文件实施产生的社会效应和政治影响。例如，北方某地的一项规范性文件要求，为了达到本地环境改善的目标，本区域居民一律不得燃烧煤炭、柴禾等产生烟雾排放的燃料。该规范性文件实施之后，当地农村居民为了冬季采暖，要么使用天然气，要么使用电力，要么到县城中租赁带有暖气设备的房屋过冬，采暖成本大幅提升。另外，一些经济能力较弱的村民，被迫在家中忍受严寒，引发了广泛的社会舆情。类似这样的行政规范性文件产生了极高的经济、社会成本与代价，甚至产生了一些政治层面的负效应。在评估工作过程中，要从经济、社会、政治等层面，综合考虑政策文件制定实施的成本收益。

第二，成本收益的核算要结合居民增收、产业进步、社会发展等标准展开。换句话说，判断一项政策文件的成本收益时，要把相对人具体利益、社会利益、国家利益统筹起来考虑。例如，北方某地一项规范性文件

要求，一定载荷的大货车禁止于白天时段在该区域主要道路上行驶。经评估分析，这一政策虽然一定程度上减缓了交通拥堵情况，使上下班市民的通勤比之前流畅了一些。但同时，这一政策对该区物流行业造成了很大影响，甚至和该区物流枢纽建设目标产生了冲突，会对该区物流行业发展造成障碍。经过综合考虑，可认为该政策文件实施成本过高，应当修改或废止。

第九节　制定与实施是否存在创新

一、采取创新举措的意义

行政规范性文件的创新举措，是指提出了与常规措施不同，且能更好实现政策目标的方式方法或制度机制。通过不断深化对相关领域的了解，提出更多具有建设性意义的创新举措，对于推进社会治理和法治发展具有重要意义。可以说，创新是优化规范性文件体系、保持法治发展活力的内在要求。

二、创新过程中需要注意的问题[1]

实践中，符合实践要求的创新举措能够加快推进行政规范性文件目标的实现，提升规范性文件实施效能。但是，并非所有打着创新旗号的做法都属于创新，有的缺乏创新实质的所谓创新做法反而会对规范性文件实施造成损害。在判断是否存在创新时，可从以下三个方面着手：

第一，不能突破法律和上级政策的禁止性边界。实践中，存在打着"创新"旗号谋求地方利益、部门利益或小集团利益的情形。例如，有的规范性文件为了追求招商引资方面的"突破"，违背国家法律，擅自在规范性文件中降低相关税率。它导致规范性文件与国家法律形成冲突，也引

---

[1]　参见潘文卓："如何正确认识把握文件制定创新？"，载《秘书工作》2022年第4期。

发了后续一些行政争议。

第二，不能单纯为了所谓"政绩"而进行创新。实践中，某地方为了赶"大数据"发展潮流，在本地"大数据"经济基础薄弱、"大数据"经济管理规制经验匮乏的情况下，抢先出台对"大数据"进行管理规范的文件，导致文件与实际情况严重脱节，制定出来之后无法实施，被束之高阁。

第三，不能单纯为了创新而创新。在实践中，有的地方或部门认为，只有设置与众不同的条文规范、提出与众不同的措施方法，才能使行政规范性文件出彩。但事实上，这种为了创新而创新的情形，不仅达不到促进文件实施、提升治理效能的目的，还有很大可能增加政策的实施成本、扭曲政策实施机制。

第十节　行政规范性文件是否具有协调性

一、行政规范性文件具有协调性的意义

行政规范性文件的协调性，即是指行政规范性文件与其它行政规范性文件、法律法规、制度安排之间相互协同的问题。治理体系是一个有机体系，它依赖多种规范和制度机制的配合协同，才能有效运转。为此，在评估行政规范性文件时，应当充分审视它与上下左右制度之间的契合度。

二、界定行政规范性文件是否具有协调性的方法

结合上述对行政规范性文件协调性的简述，笔者大致将从以下两个方面评估其是否具有协调性：

第一，行政规范性文件所包含的基本制度与上位制度之间不发生冲突。对于某一事项，往往存在不同层级的多种规范对它进行规定，应当确保这些规定之间不发生直接矛盾。以最高人民法院发布的袁某北诉江西省于都县人民政府污水处理费行政征收案为例，袁某北起诉要求法院撤销

1200多元的污水处理费的收费决定，并对所依据的《于都县城市污水处理费征收工作实施方案》的合法性进行附带审查。法院经审查发现，江西省赣州市确定的污水处理费征收范围是"在城市污水集中处理规划区范围内向城市排污管网和污水集中处理设施排放达标污水的所有用水单位和个人"。但下属的于都县的实施方案却将征收范围扩大至"于都县中心城区规划区范围内所有使用城市供水的企业、单位和个人"，违反了上级行政机关规范性文件的规定。[1]这就构成了基本制度之间的直接冲突。

第二，行政规范性文件所包含的方法措施与同位阶的相关方法措施之间不发生冲突。对于同一事项，往往存在不同部门对它进行管理规制，应当防止"政出多门""相互打架"等情形。例如，北方某区的科技管理部门发布的规范性文件规定，对于落地本区特定的科技企业，可以给予50万元到100万元的奖励。但该区财政部门规定，对企业的奖励不能超过企业财政贡献总额的70%。这就导致很多新办企业因为财政贡献较小而无法得到50万元到100万元的奖励，最终导致科技管理部门的方法措施落空。

第三，行政规范性文件所设定的制度机制应当与当地实际情况、善良风俗不冲突。除了制度层面的协调性要求之外，行政规范性文件在制定实施过程中，还应当考虑当地的实际情况，不能使相关规定过分脱离实际；尤其是要考虑当地的风土人情、民族习惯等，确保不与本地的善良风俗产生严重冲突。

第十一节　行政规范性文件是否具有可操作性

一、行政规范性文件具有可操作性的意义

行政规范性文件的可操作性，是指在其被具体贯彻落实的过程中，能

---

〔1〕　参见最高人民法院行政诉讼附带审查规范性文件典型案例之三"袁某北诉江西省于都县人民政府物价行政征收案"。

够具有切实的方法路径、足够的措施办法，以保证政策文件得以充分执行。行政规范性文件是否具有可操作性，直接决定了文件本身贯彻执行效率的高低。不具有可操作性的文件往往成为一纸空文。

二、界定行政规范性文件是否具有可操作性的方法

判断文件的可操作性可以从两个方面入手：

第一，文件表达是否清晰明确。行政规范性文件作为最"接地气"的政府文件，在表达上，应当清晰明了、详细具体，不能规定得模糊不清、含糊其辞，要能够使行政规范性文件的实施主体准确理解其要求。如果文件的目标表达和方法措施表达含混模糊，会给后期的实施工作带来重大障碍，也会引起诸多行政纠纷。

第二，文件所规定的措施是否科学合理。一份具有较高可执行性的文件，往往在方法措施设置上实事求是、科学合理。脱离实际的措施经常容易落空。例如，某地在一份关于村居卫生环境建设的规范性文件里规定，要求村民对住宅前的卫生状况实施早、中、晚三次维护，确保无垃圾、无杂物、始终保持干净整洁。类似这样的规定，一则涉嫌加重村民负担，二则对该制度的实施缺乏足够的监督保障办法，最终，这一规定只能变成柔性的倡导性条款，甚至沦为无人理会的空文。

第三，文件所规定的措施是否具有足够的条件支撑。绝大部分的行政措施，都要依赖人力物力财力的投入。如果不考虑文件实施的条件，一味扩大政策目标，可能导致政策无法执行。这在一些给付行政类型的规范性文件中表现得最为明显。例如，一些地方为了鼓励人才流入，出台了对各类人才大奖特奖的政策文件。在这些文件实施过程中，才发现本地财政根本无法支撑这些给付性政策，最后，不仅导致相关文件在实施中虎头蛇尾，还导致一系列的政府失信行为，严重损害了当地的信誉。

第十二节　文件是否利于营商环境

一、行政规范性文件中重视营商环境的意义

对于营商环境建设，国务院提出了明确要求。《优化营商环境条例》规定："国家持续深入推进简政放权、放管结合、优化服务改革，最大限度减少政府对市场资源直接配置、市场活动的直接干预，加强和规范事中、事后监管，着力提升政务服务能力和水平，切实降低制度性交易成本，更大激发市场活力和社会创造力，增强发展动力"。[1]营商环境建设是政府的一项重大职责，是各级行政部门施政的一项重要使命。为此，需要在行政规范性文件后评估中，把是否有利于营商环境作为一项标准。

二、界定行政规范性文件是否利于营商环境的方法

结合《优化营商环境条例》的内容，可从以下方面判断行政规范性文件是否有利于营商环境。

第一，在制定与市场相关的行政规范性文件过程中，是否充分听取相关市场主体、行业协会、商会的意见。尤其是对于监管类文件，更应该听取这些主体的意见，才能从源头确保文件具有营商环境建设的价值，至少确保文件不会损害市场的有序运行。

第二，与市场相关的政策文件，是否含有排除或者限制公平竞争的措施。公平是营商环境的内在要求。在评估过程中，要注意审视文件对不同所有制类型的市场主体、不同地域来源的市场主体等，是否做到一视同仁。尤其重点审查那些准入限制的相关条款。

第三，各类政策文件，是否涉嫌加重企业显性或隐性负担，是否涉嫌将政府责任转嫁到企业身上。政府施政往往具有多重目标，比如环境保

---

〔1〕《优化营商环境条例》（国令第722号）2020年1月1日正式施行。

护、基础设施建设与维护、社会保障等等。在进行文件评估时，要注意是否存在政府要求企业承担诸如此类的不合理的责任的情形，尤其重点审查是否存在摊派、要求履行法外义务的情形。

第十三节　文件是否与国家改革精神、发展形势相适应

一、在行政规范性文件中贯彻国家改革精神、发展形势的意义

在行政规范性文件后评估全过程中，需要认真审查行政规范性文件是否与国家改革精神、发展形势相适应。这是贯彻习近平法治思想，坚持以习近平新时代中国特色社会主义思想为指导的基本要求。在行政规范性文件审查评估实践中，它也被表述为"政治性"要求。

二、判断行政规范性文件是否符合国家改革精神和发展形势的方法

判断行政规范性文件是否适应国家改革精神和发展形势，主要是考察行政规范性文件内容、目标是否体现了改革创新精神，是否响应和贯彻了中央的新发展理念。可从以下方面对此进行判断。

第一，文件是否存在明显违背中央精神的情形。例如，在市场建设和经济发展领域，中央要求转变政府职能，积极打造服务型政府。如果一个文件过度依赖管制性措施，对一些本应进行公共服务的事项过多采用强制、处罚手段，从而引起明显的社会经济发展的消极效应，它就是不符合中央精神的文件。

第二，文件是否存在明显的"逆发展"情形。例如，国家鼓励新能源的推广运用，鼓励电动汽车产业的发展。如果某地某部门的行政规范性文件对于部署和安装电动车充电桩造成系统性障碍，哪怕该文件在具体的层面不存在合法性问题，它也属于具有"逆发展"效应的文件，不具有合理性。

判断行政规范性文件是否符合国家改革精神和发展形势，需要我们提

高政治站位，加强对党和国家大政方针的学习，在评估过程中，做到心中有大局。

第十四节　评估标准应当纳入的其他重要因素

以上的十三个方面，基本上涵盖了当前行政规范性文件后评估标准的主要内容。然而，在实践中，还有两个方面的因素需要引起重视，并逐渐纳入到评估标准的谱系中。

第一，行政规范性文件的实施程度。在后评估实践过程中笔者发现，一些地方的行政规范性文件在发布之后，既没有通过一般公众容易接触的渠道向社会公布，也没有真正被贯彻执行。发布之后被长期搁置。还有另外一些文件，虽然被实施，但实施程度非常低。对于这些文件，一旦确认其没有实施或极少实施，其实可以"一票否决"，已经没有继续深入评估的必要性了。

总体审视行政规范性文件的实施情况，对于那些涉及管理、处罚和强制的文件，其实施度一般比较高；而对于那些给付性文件，本来是"做好事"，但往往涉及严格的审批程序、严厉的事后审计问责，实施机关反而会觉得实施它们是一种"出力不讨好"的事，实施的意愿反而不强，导致这类文件实施度不高。给付行政是一种时代趋势，包含给付的行政规范性文件会越来越多，需要把实施程度作为一项评估标准，督促责任机关积极承担自己的行政责任。

第二，行政规范性文件的总体质量。总体看去，以上十三项评估标准涉及的因素，以及实践中被采用的诸如"六性""七性"标准，体现的都是文件的某一方面的属性。围绕它们对行政规范性文件进行评估，实际上是对文件的构成性要素进行评估。这种评估是重要的，必不可少的。然而，有些文件在这些构成性要素方面都很好，但文件本身所承载的政策却并不是解决相关问题的最优政策。根据这些要素性标准，无法对文件是否属于问题的最优政策选项做出合理评估。

为此，需要引入一种关于文件总体质量的评估标准。这种标准是反思性的，它能测评文件及其实施是否充分解决了文件背后针对的主要问题。纳入了这样的评估标准，行政规范性文件后评估才不会"只见树木、不见森林"。

第九章

行政规范性文件后评估的步骤

国家部委和地方的规章、规范性文件都对行政规范性文件后评估步骤有所涉及，但总体来说，其形态各异、内容不一。本章结合笔者实施评估的相关经验，根据评估活动推进的时间顺序，阐述行政规范性文件后评估的步骤及其主要内容。

第一节　评估准备阶段及其工作要点

一、确定评估主体

在行政规范性文件后评估实施之前，首要的事务就是明确评估主体。

如前所述，规范性文件后评估主要有三种模式：第一种是司法行政机关评估模式，评估主体是司法局；第二种是文件制定实施机关评估模式，评估主体是文件的制定与实施机关；第三种是受委托的第三方评估模式，评估主体一般是承担评估任务的高校、研究所、律所、智库机构、行业协会等。

对于那些已经通过法规、规章、规范性文件明确了后评估制度的地方来说，直接根据后评估制度确定评估主体即可。

而对于那些尚未正式建立后评估制度的地方来说，一般由司法行政机关确定谁是评估责任主体。司法行政机关既可自己展开后评估，也可要求文件制定实施机关展开后评估，也可委托或要求文件制定实施机关委托第三方实施后评估。

二、组建评估团队

行政规范性文件后评估是一项要求高、环节多、内容丰富的繁重工作，一般情况下不可能由单独一人实施。绝大部分的后评估工作需要通过团队协作才能完成。为此，明确了评估主体之后，接下来的事情就是组建评估团队。

众人拾柴火焰高，强大的"团队精神"是战胜前进路上的风险与挑战，走向成功的重要保证。组建一个好的评估团队，需要选择合适的团队负责人和团队成员，最终实现"1+1>2"的效果。

（一）明确团队负责人

团队负责人往往是整个评估团队的核心人物，影响整个团队以及工作进程。一位优秀的团队负责人在塑造团队精神、选择团队成员、明确方向工作部署等方面发挥着重要作用。

例如，2021年，重庆市某区司法局引入西南政法大学行政学院评估团队作为第三方评估机构，西南政法大学王学辉教授带领团队对60份行政规范性文件开展评估。2022年，北京市某区司法局委托北方工业大学文法学院评估，由北方工业大学周睿志博士评估团队对全区范围内40份行政规范性文件开展评估工作。两区司法局都对评估报告给予了高度认可，团队负责人具备的素质和能力是评估工作的顺利完成的因素之一。

团队负责人应当具备以下特质：政治立场正确，坚持在一线从事科研工作，具有规章、行政规范性文件评估工作经验，具有带领高水平科研团队的能力及经历等。

（二）明确团队成员

团队成员负责具体评估工作，团队成员的能力与水平决定了评估报告的质量。团队负责人根据文件数量、工作期限、评估方法等综合因素明确团队成员的数量，形成最佳团队规模，从而优化资源配置，提升工作效率。贝尔宾博士根据个体的行为表现，确定了九种团队角色：协调者、创新者、推进者、凝聚者、完美者、实干者、信息者、专家和监督者。每个人都是独立的个体，在工作过程中呈现出其独特性，在评估活动中，团队负责人需根据个体的特点，匹配适合的评估工作内容，协调内部成员。[1]

另外，可以邀请人大代表、政协委员、专家学者、公众代表、法律工作者等参加评估活动。例如，2022 年出台的《临邑县行政规范性文件评估暂行办法》规定："临邑县邀请人大代表、政协委员、法律顾问、公职律师、行业专家等人员组成评估工作组，开展行政规范性文件制定前评估。"这些成员的参与，可以有效提升评估工作的品质。

三、制定评估方案

明代刘伯温在《百战奇略·计战》中说"凡用兵之道，以计为首"，即用兵打仗，设谋定计是首要问题。在评估工作开展前，需要拟定评估方案。评估方案一般包括如下内容。

（1）评估项目实施背景。主要说明启动行政规范性文件后评估的政策依据和意义。例如，某份方案中对项目实施背景做如下表述：

规范性文件后评估是政府法治建设的一个重要环节，也是 XX 区全面推进依法治区、全面实现政府法治的一个依托。经过前期的努力，XX 区在规范性文件制定、实施、修改优化等环节都取得了相当可观的经验，一些规范性文件的制定和实施有力支撑了本区法治政府示范项目的顺利运行，有力凸显了本区政府法治建设的特点和特色。XX 区在规范性文件后评估事宜上也已经获得了初步的经验。

但同时，由于规范性文件后评估是一个新事物，它的启动和实施周期

---

〔1〕　参见陈瑶："基于贝尔宾角色理论的团队建设研究"，载《企业改革与管理》2016 年第 19 期。

还很短，XX 区在规范性文件后评估领域还有巨大的作为空间。其一，XX 区在规范性文件后评估制度机制上需要健全优化；其二，XX 区在规范性文件后评估经验上需要探索积累；其三，也是最重要的，XX 区需要通过规范性文件后评估为全区规范性文件制定、实施和修改优化进行全面"体检"，也需要通过规范性文件后评估为提升全面依法治区水平、提升政府法治建设质量、凸显本区法治建设特色亮点提供有力支撑。

（2）评估项目实施目标。主要说明评估活动在微观、中观或宏观层面所欲实现的目标。例如，某份评估方案对项目实施目标做如下表述：

本次全区规模的规范性文件后评估项目致力于实现以下三个目标。

第一个目标是"知"。通过严谨的项目实施，对全区规范性文件的总体状况进行"扫描""体检"，总体把握 XX 区规范性文件的存量、运行和效能状态。只有对全区规范性文件的宏观、总体情况有充分把握，才能有助于在全区层面对规范性文件领域进行科学合理地规划、部署和推进。

第二个目标是"识"。"知"致力于对全局进行总体把握；而"识"则致力于对具体的规范性文件进行精准把握，判定具体规范性文件的合法性、合理性、实施效能、问题缺陷等。通过精准识别和研判，发现 XX 区规范性文件及其实施中的难点，有力推进这些难点的解决处置，推进相关文件优化提升。

第三个目标是"炼"。所谓"炼"，是指对规范性文件制定和实施过程中包含的重要法治经验、鲜明特色亮点的总结提炼。本项后评估工作，不仅要致力于对全区规范性文件的病理性"体检"，也要致力于对全区规范性文件制定实施过程中先进经验的总结、法治建设亮点的呈现和本区法治建设规律的阐发。只有把"炼"字功夫做好，后评估工作才算完整，后评估项目的价值才能充分实现。

总之，通过本项目的实施，力图呈现 XX 区规范性文件领域的全貌，力图发现规范性领域的难点和问题，力图总结规范性文件领域的实践经验和特色亮点。在此基础上，有力支撑 XX 区政府法治建设和依法治区的提质增效。

（3）项目时限及进度安排。主要说明项目所需实践和评估活动的进度。例如，某份评估方案对项目时限及进度安排做如下表述：

项目组将项目完成时间初步确定为 2022 年 12 月中旬。项目的具体进度安排如下：

第一阶段：文件梳理。3 月底至 4 月底。本阶段的主要工作是依托项目团队的科学分工和团结协作，对需要进行评估的 X 件规范性文件进行全面梳理。一是对 X 件规范性文件进行范畴归类；二是对 X 件规范性文件逐个展开内容梳理、重要制度梳理、规范性依据梳理、实施效能预判、重点难点问题预判、特色亮点预判；三是对 X 件规范性文件所体现的总体状况进行分析预判。通过这些梳理、分析、预判工作，为接下来的调研访谈提供坚实基础。

第二阶段：调研访谈。5 月底至 7 月底。本阶段的主要工作是依托 XX 区司法局、各规范性文件发布和实施单位的大力协助，就前期梳理中形成的要点问题进行实证调研，听取相关情况介绍；同时，针对规范性文件实施对象进行访谈和意见调查，从相对人的角度了解规范性文件实施状况。通过这些实证调查对前期梳理预判去粗取精、去伪存真，锁定真问题、确认真亮点、发掘真经验。

第三阶段：报告撰写。8 月底到 11 月底。本阶段的主要工作是围绕项目目标，结合前期工作，展开报告撰写。在报告撰写过程中，就报告的结构、内容要点、论述风格等核心问题，在草拟阶段、撰写阶段、成稿阶段反复与 XX 区司法局、其他相关单位密切沟通。力争写出内容切实、有高度、有深度、有建设度的报告来。

第四阶段：课题结项。12 月中上旬。本阶段的主要工作是就课题成果召开多方参与的研讨会，充分听取专家学者、XX 区相关领导的意见建议、不断优化报告，顺利实现课题结项。

（4）项目成果形式。主要说明评估活动最终形成的项目成果类型及数量。例如，某份评估方案对项目成果形式做如下表述：

根据项目目标，主要形成以下三个方面的成果形式：

1. 形成一份总报告：《2022 年度 XX 区规范性文件后评估报告》，字数约 4-8 万字。

该报告是一个整体性报告，它依托对 X 件规范性文件的精准评估，分析说明所评估的 X 份规范性文件制定实施的总体情况。报告主要包括（1）XX 区规范性文件实施基本情形（2）规范性文件实施存在的主要问题和对策建议（3）规范性文件实施的主要经验和特色亮点。

2. 形成 X 份具体报告：针对 X 件规范性文件，形成评估 X 个具体评估报告。每份评估报告字数约在 3000-8000 字。分报告是各规范性文件的精准评估，是具体法治领域的一次精准"体检"。报告的结构与总报告的结构大致相同。

3. 形成其它成果。项目组撰写提交司法局要求的其它文件，例如《XX 区行政规范性文件后评估工作规定》"草案"及"起草说明"等。

（5）项目经费预算。主要说明项目实施中涉及的各类开支情况。可根据项目实际情况及当地财政政策进行编制。

除此以外，如果当地缺乏正式的行政规范性文件后评估制度规定，评估方案还可说明评估标准。同时，还应在评估方案里附录评估团队负责人的基本信息，评估团队的成员信息等。

第二节　评估实施阶段及其工作要点

一、收集评估所需材料

评估所需的主要材料包括：被评估的行政规范性文件原文、文件起草说明、文件的官方解读及文件起草时的征求意见稿、文件实施状况数据、文件执行效能数据、文件实施的新闻报道、文件及其实施的媒体评论与学术分析、文件实施所引发的行政复议和行政诉讼信息等。

收集的方式包括要求相关方提供、通过政府网站、社交媒体、新闻报道等渠道自主收集、问卷调查、调研访谈、专家访谈，等等。

材料收集是否充分，直接关系到评估是否全面深入。评估主体应当穷尽可能的合法方式收集评估所需材料。

二、分析材料形成初步观点

评估制度或评估方案中已经确立了评估标准，这些评估标准所涉及的对象都属于具体的评估点位。评估者应当结合收集的材料，对这些点位——诸如合法性、合理性、协调性、经验亮点等——进行研判，从而形成关于文件及其实施的初步把握。同时，还需要结合文件及其实施的具体情况，对于一些关键点位——如存在严重问题的点位——进行深度分析，在问题判断的基础上构建出优化改进的对策。

正如有研究者指出的那样："政策分析最好被视为一个能动的、多层次的过程。"[1]它要求评估者将政策语境、政策预定目标、政策制度机制、政策实施条件和过程、政策实施影响等因素不断地"视域循环"，就相关点位涉及的问题做出不断深入地分析和判断。对于文件的评估，不可能是

----

〔1〕　〔美〕威廉・N. 邓恩：《公共政策分析导论》（第4版），谢明、伏燕、朱雪宁译，中国人民大学出版社2011年版，第51页。

一蹴而就的，它需要评估者通过多层次、多阶段的努力，实现认知和判断上的不断精确。

科学的、高质量的评估结论不会轻易获得。评估者应当用严肃、耐心、主动、担当的态度，去争取更优的评估结果。

三、访谈调研充实确证主要观点

在获得一系列初步的评估论点之后，需要进一步的去优化、确证相关论点。在这一阶段，评估主体所进行的工作是对相关论点去粗取精、去伪存真，进一步锁定真问题、提出好对策、提炼经验呈现亮点。

评估主体以所获得的初步评估论点为"前见"，带着这些看法，一则可以通过进一步的问卷调查、实地调研、现场访谈等方式，有针对性地听取司法行政部门、文件制定实施机关、文件实施相对人等的相关意见；二则可以针对要点，运用诸如文本对照分析、政策的历史演进分析、政策的伦理分析、政策的成本效益分析等方法，科学验证相关论点；三则可以就评估中的重点难点，召开相关人座谈会、专家论证会等，以扩充深化相关论点。

这一阶段的工作是为撰写评估报告直接做准备的。如果这一阶段工作没有做好、做充分，评估报告撰写过程可能会被打断，需要在其中重新插入调研、论证等工作，它会导致评估工作效率降低。

完成这一阶段工作后，整个评估的主体工程就大体完成了，对被评估的行政规范性文件也形成了一系列严谨、可靠的论点了。

第三节　评估报告形成阶段包含的主要工作

撰写评估报告的目的是为了将评估结果以有形的、规范的方式展现出来。它也是对之前阶段相关工作的呈现与总结。它包含四项主要工作：

一、确定报告基调

所谓行政规范性文件后评估报告的基调，是指报告的包含的基本倾向。只有明确报告的基调和基本倾向，整个报告才能在精神原则统一，在基本逻辑上通畅，在行文上一气呵成。

根据"建议文件继续实施、建议文件废止、建议文件修改后继续实施"三种评估建议类型，行政规范性文件后评估报告的基调包含"肯定、否定和基本肯定"三种。对于那些合法合理、规范协调、实施高效的文件，应当以"肯定"为基调。报告执笔人围绕评估标准，对相关评估点位进行肯定性地论证说明。对于那些存在重大问题的、实施效果不佳的文件，应当以"否定"为基调。报告执笔人对文件及其实施存在问题缺陷进行说明阐释。而对于那些存在部分问题的，且文件在修改后可以继续实施的并能产生较好预期效果的文件，则以"基本肯定"为基调。报告执笔人应当全面分析文件及其实施的得失，并提出翔实、可操作的修改建议。

二、搭建报告结构

在基调确定了之后，需要进一步搭建报告的结构，从而为接下来的报告撰写奠定基础。需要注意的是，报告基调不同，报告结构也会有所差异，它需要报告撰写人根据情况进行调适。

我们从单项文件评估、多项文件综合评估和文件部分条款评估三种类型出发，拟定对应的参考模型。

【模型1】对一项完整的行政规范性文件展开评估，其报告可参考以下结构形式：

一、评估工作概况

二、评估对象

（一）文件名称

（二）文号和实施时间

（三）实施主体

三、评估目的

四、规范性文件及其实施状况

（一）文件目的是否合理

（二）文件内容的合法性、合理性、规范性等状况

（三）文件的实施状况与效果

（四）文件的经验与亮点

五、评估结论与建议

（一）评估结论

（二）评估建议

【模型2】对包含多项文件的年度评估、专题评估等，其综合报告可参考以下结构形式：

一、引言

二、202X年度XX区行政规范性文件实施后评估的根据与背景

（一）中央对行政规范性文件后评估的部署和要求

（二）各地展开的后评估实践

（三）XX区启动后评估活动的具体背景

三、202X年度XX区行政规范性文件实施后评估的目标、步骤与方法

（一）后评估活动的目标定位

（二）后评估活动的基本步骤

（三）后评估活动的基本方法

四、XX区行政规范性文件及其实施的基本状况

（一）规范性文件的类型

（二）规范性文件的主要内容

（三）规范性文件实施的基本状况

五、XX区行政规范性文件及其实施中存在的主要问题

（一）部分规范性文件制定环节存在的问题

（二）部分规范性文件内容方面存在的问题

（三）部分规范性文件实施方面存在的问题

（四）各文件类型的主要问题

六、XX 区行政规范性文件及其实施取得的基本经验

（一）规范性文件制定过程的基本经验

（二）规范性文件内容设置的基本经验

（三）规范性文件制定技术的基本经验

（四）规范性文件实施过程的基本经验

七、XX 区行政规范性文件及其实施优化的建议

（一）做好后评估的"后半篇文章"

（二）系统提升文件制定能力

（三）建立文件制定与实施咨询机制

（四）建立文件后评估常态化机制

（五）建立优秀案例评选与推广机制

【模型3】对一项文件的部分条款进行评估，其评估报告可参考以下结构形式：

一、评估工作概况

二、评估对象

（一）文件名称

（二）文号和实施时间

（三）被评估的具体条款

（四）实施主体

三、评估目的

四、规范性文件相关条件及其实施状况

（一）条款目的是否合理

（二）条款内容的合法性、合理性、规范性等状况

（三）条款的实施状况与效果

（四）条款的经验与亮点

五、评估结论与建议

（一）评估结论

（二）评估建议

三、撰写报告内容

结合具体的评估经验，我们在撰写报告内容时，需要重点注意两个方面：

第一，既全面覆盖又突出重点。所谓全面覆盖，是指报告应当覆盖评估制度标准所涉及的所有点位，不能有所遗漏。但同时，整个报告又不能平铺直叙，而是要突出重点。例如，对于那些建议废止的文件，应当突出其主要问题和缺陷所涉及的点位，对这些点位展开细致的分析与说明，这些相关问题缺陷所造成的重大影响。对于那些建议继续实施的文件，则应当着重梳理其可能存在的经验亮点，使其经验亮点尽可能被认可、推广。而对于那些需要修改的文件，则应着重分析其修改点位，进行构建修改方案。总之，行政规范性文件后评估报告在参照一般性结构、兼顾一般性要求的同时，需要对关键问题作出充分的说明与回应。

第二，文风的庄重简明。规范性文件后评估报告总体上可归属为"公文"的范畴，它的主要服务对象是机关干部和社会公众。它与一般的理论文章、学术性报告不同。为此，报告的文风问题就很重要了。实践中，有些第三方所作的评估报告，过度使用学术性分析工具，过度使用学理化语言，使报告在可读性方面存在很多障碍。这样的报告，一旦递交到政府部门或其他公共机构手中，相关人员就不能很好把握和确定报告内容的准确性，进而无法根据其作出相关的决策；报告一旦向社会公布，公众也很难读得懂。无论评估主体来自哪里，评估报告的起草人在撰写报告时，应当

有明确的读者意识，使机关干部和接受了通识教育的社会公众能够毫无窒碍地读懂这些报告。

四、形成规范的报告文本

报告初步成稿之后，还需要进行不断地优化才能使之具有规范形态。它可能涉及三个方面的工作：

第一，评估团队自主对报告进行修改优化。在报告初稿形成后，评估团队主持人应当召开会议，对报告进行修改优化，去除报告中存在的各种问题；甚至通过逐字逐句地阅读审核，确保报告流畅规范。另外，评估团队还可邀请相关的专家对报告初稿提出修改意见。

第二，评估团队吸收委托方的修改优化建议。在正式提交委托方之前，评估团队应该将报告稿件提交委托方，听取和吸收委托方的相关建议。在这个环节，对于委托方的合理建议，评估团队应当积极将其吸纳进报告中；对于其不合理的意见建议，应当做好解释沟通工作，努力确保评估结果的科学性。

第三，评估团队吸收司法行政部门等验收方的修改优化建议。有些评估制度要求司法行政机关对提交上来的评估报告进行验收。在验收过程中，评估团队可能会进一步收到反馈意见。评估团队也应该将合理的建议吸收进报告中；同样，对于存在争议的意见建议，评估团队也应该努力做好沟通解释工作。

第十章

行政规范性文件后评估的报告撰写

　　行政规范性文件后评估报告是规范性文件实施后根据一定评估标准对行政规范性文件的制定过程、制度内容、执行情况、实施效果、配套措施、存在问题等做出客观调查、综合分析和提出优化完善意见的文书。本章从报告的性质与功能、报告的构成、报告的形式来认识评估报告，从而为评估报告的撰写提供相关思路与建议。

第一节　报告的性质与功能

　　行政规范性文件后评估工作是后评估报告得以形成的现实基础，反之，后评估报告是后评估情况的物质性反映。从微观层面看，后评估之所以开展，是为了形成报告并使之发挥效用。因此，后评估报告的价值不容小觑。了解报告的性质和功能是成功进行报告撰写的必要前提，可以深化对后评估的整体性认识。

一、报告的性质

　　后评估报告作为行政规范性文件后评估活动的产物，是评估主体在后评估工作过程中制作的符合特定要求，展现后评估状况与成果的书面化材料。

　　就其内容，后评估报告的主体内容围绕文件本身详细展开，报告是对后评估核心事项的综合概括，是后评估结论及其他相关情况的可视化和有形化，是对行政规范性文件与实施状况优劣程度的客观评价。在实践中，大部分评估制度都明确规定评估报告需要对文件质量、实施效果、存在问题进行分析评价。

报告通常被认为具有参考功能。目前，由于我国依法行政的有关机制尚未健全，为了鼓励行政机关大刀阔斧地开展文件后评估，积极完善政府内部监督，避免行政机关在进行后评估活动时顾虑太多，大部分地区没有设置报告的强制性效力。但同时也有少量例外，如《濮阳市人民政府规范性文件后评估办法》的第 19 条、第 20 条、第 21 条规定后评估报告认为规范性文件应予保留、修改、废止的，责任部门应依照特定程序开展文件的立改废工作。未来，随着后评估活动经验越来越多，制度越来越完善，应当强化后评估报告的效力，使它逐渐由"软"到"硬"。

二、与其他相关概念比较

在当前的社会治理实践中，除了后评估报告，还存在其他对公权力发挥监督功能的文件形态，例如人大质询案、人大规范性文件备案审查决定书等。本章运用比较的方法，着重探讨这些相近概念的异同点，以深化对行政规范性文件后评估报告性质与功能的认知。

（一）人大质询案

1. 人大质询案的概念与特点

人大质询案是各级人大代表按照法律规定的程序，对本级人民政府及其所属各部门、监察委员会、人民法院、人民检察院等提出质询的议案，被质询的机关必须在法定的时间内，以法定的形式作出答复。

人大质询案具有如下特点：其一，质询权由宪法赋予。根据《宪法》第 73 条的规定，"全国人民代表大会代表在全国人民代表大会开会期间，全国人民代表大会常务委员会组成人员在常务委员会开会期间，有权依照法律规定的程序提出对国务院或者国务院各部、各委员会的质询案。受质询的机关必须负责答复"。其二，质询案属于人大刚性监督的产物。启动人大质询，受质询的机关必须在法定时间作出答复，提出质询案的代表对答复结果不满意的，可要求受质询机关再次答复。如果对答复结果多次不满意，甚至可能会启动对相关人员的罢免程序。《全国人民代表大会和地方各级人民代表大会法》第 14 条第 5 款规定："质询案按照主席团的决定由受质询机关答复。提出质询案的代表半数以上对答复不满意的，可以要求受质询机关再作答复"。其三，质询案的提出有着严格的要求。《全国人民代表大会和地方各级人民代表大会代表法》的有关条文规定，全国人民代表大会的质询案提出需一个代表团或者 30 名以上的代表联名。《地方各级人民代表大会和地方各级人民政府组织法》第 24 条规定，地方各级人民代表大会举行会议的时候，代表 10 人以上联名可以书面提出对本级人民政府和它所属各工作部门以及人民法院、人民检察院的质询案。同时，质询案应当写明质询对象、质询的问题和内容。质询案必须针对本级人民政府及其有关部门、人民法院、人民检察院，不能针对其他机关或者组织提出质询案。

2. 人大质询案与后评估报告的区别

首先是主体不同。人大质询案的提出主体是各级人大代表或人大常委会组成人员。后评估报告的评估主体则是司法行政部门或行政规范性文件制定实施主体或第三方机构。其次是时间不同。人大质询案应在各级人民代表大会开会期间提出。而后评估报告应当在行政规范性文件实施一段时间后进行评估。再次是法律效力不同。人大质询案的提出是宪法赋予人大代表的权利，质询案对受质询机关具有强制约束力，这种强制性体现在受质询机关必须对其进行答复，人大代表不满意其答复可要求再答复，多次答复仍不满意可能会启动罢免程序。与之相反，目前多数地区制定的规范性文件后评估制度未规定评估报告的强制性效力。

（二）人大常委会规范性文件备案审查决定书

1. 人大常委会备案审查决定书的概念与特点

人大常委会备案审查决定书是全国人大常委会、地方人大常委会对报送备案的规范性文件开展备案审查，对发现存在合宪性、合法性、适当性等问题的，有权撤销或督促制定机关予以修改的文书。

人大常委会备案审查决定书具有如下特点：其一，人大常委会备案审查决定书是人大常委会行使宪法监督权的体现，宪法、立法法和监督法等有关法律中规定了人大常委会备案审查工作的相关机制。它是我国一项重要的立法监督制度。其二，人大常委会备案审查决定书具有对文件制定主体具有强制约束力；规范性文件只有经备案审查后才能批准实施，人大常委会有权提出意见，督促制定机关修改，也可以依法撤销规范性文件。其三，人大常委会备案审查决定书是规范性文件的事前预防，通过行政规范性文件的合宪性、合法性进行把关，消除基层治理政策中的违法风险，维护国家法制的统一性和权威性。

2. 人大常委会备案审查建议书与后评估报告的区别

首先是主体不同。人大常委会备案审查建议书的制发主体是进行备案审查的人大常委会。后评估报告的评估制作主体则是司法行政部门、行政规范性文件制定实施主体或第三方机构。其次是时间不同。人大常委会备案审查建议书侧重于事前预防、源头规范。而后评估报告侧重于事后纠错、经验总结。再次是审查内容不同。人大常委会备案审查建议书主要审查文件合宪性、合法性、政治性、适当性，侧重文件合宪性、合法性审查和社会主义价值导向。后评估报告主要审查文件合法性、合理性、实效性、协调性，侧重文件实际效能的发挥、经验的提炼总结。最后是法律效力不同。人大常委会备案审查建议书的提出是宪法赋予人大代表的权利，人大常委会有权修改或撤销。而目前多数地区对行政规范性文件后评估报告只规定了柔性的参考效力。

三、报告的功能

（一）发现问题

马克思指出："真正的批判要分析的不是答案，而是问题。"[1]坚持问题导向是马克思主义世界观和方法论的重要体现，是贯穿习近平新时代中国特色社会主义思想的重要思想方法和工作方法。问题是创新的起点，也是创新的动力源。发现问题是比解决问题更为重要的一步，是提出评估工作建议、修改废止问题性行政规范性文件的起点。在评估工作中及时发现行政规范性文件在制定程序方面、文件内容方面、文件实施效果方面存在的问题，方可保障行政规范性文件质量提升，推动行政规范性文件的实施。

（二）提出建议

发现问题后，要究其原因、对症下药。通过对"存在什么问题""为什么出现问题""如何解决问题"连续发问，从问题症结、出现原因和解决思路三个方面破解行政规范性文件的相关问题，提出精准的优化建议。

（三）经验总结

"以史为鉴，可以知兴替。"评估工作通过行政规范性文件的制定程序、规范文本、执行程序、实施效果等方面的评估，归纳总结一系列重要经验。后评估经验的充分运用，是推动行政规范性文件体系不断优化的重要基础。

第二节　报告的基本板块

撰写后评估报告是一项专业性极强的创制活动，需要遵循特定的规律，使用相应的技巧。一份规范的后评估报告，内容通常应包括评估背景概述、工作方案、评估对象简介、评估预期目的、评估内容分析、评估结

---

[1]《马克思恩格斯全集》第1卷．人民出版社1995年版，第203页。

论与建议等六个基本组成部分。

一、评估背景

在报告的开头交代报告的评估背景，有助于更好地理解报告的内容和结论。评估背景应当主要说明评估活动的缘起和依据。见示例如下：

为深入推进依法行政，加快建设法治政府，提高行政效率和公信力。根据 XX 市相关部署，202X 年 X 月，X 区科学技术委员会组织了对《XX 产业发展暂行办法》（以下简称《办法》）的后评估工作。目前，评估工作已经完成，形成如下评估报告。

二、工作方案

工作方案是评估活动开展的基本情况，对评估活动工作开展的阶段性规划，包括后评估工作的准备阶段、实施阶段、报告形成阶段的相关部署情况。见示例如下：

XX 区科学技术委员会根据评估方案，分阶段展开了评估工作。

第一阶段，XX 区科学技术委员会确定了评估操作方案，收集了评估所需的充分材料。

第二阶段，实施具体的评估活动。评估活动主要包括：

1. 对《办法》的制定背景、制定过程进行调查分析；

2. 对《办法》的文本质量进行分析评价；

3. 对《办法》的实施效果、配套措施等情况进行调查分析。通过这些方面的工作，形成了对相关情况的扎实把握。

第三阶段，拟定了评估报告初稿之后，会同专家对报告初稿进行讨论修改、优化完善。

三、评估对象

评估对象是评估活动调研分析对象，报告围绕"评估对象"展开评估分析与列明，在撰写时应当说明评估的文件名称、文号和实施时间和实施机构。见示例如下：

（一）文件名称：《XX 产业发展暂行办法》

（二）文号和实施时间：X 政办发〔202X〕XX 号（202X 年 12 月 31 日实施)

（三）实施主体：XX 区各街道办事处，区政府各委、办、局、处，各区属机构

四、评估目的

评估目的是后评估工作设立的预期目标，评估目的通常与政府的法治实践密不可分。后评估最为直接的目的便是评判规范性文件及其实施的优劣，即依据评估标准，对行政规范性文件的制定质量、文件内容、执行情况、实施绩效等方面展开调查研究和评估，总结分析实施后取得的成效，发现存在问题，判断是否实现了出台目的，以及是否需要修订、废止或采取进一步的其它措施。

五、文件的内容及其实施的分析

内容分析是对行政规范性文件及其实施进行分析和论述。它是发现问题、提出评估结论的依据。目前，各地行政规范性文件后评估普遍从文件的合法性、合理性、规范性、协调性、可操作性、完善性、绩效性等层面展开评估。

本书认为，在具体实践中，可参考以下标准进行评价：①发文主体是否具有权限；②制定过程是否科学民主；③概念运用是否准确；④语言表

达是否规范；⑤职责是否削减与权力是否扩张；⑥权益是否减损与负担是否增加；⑦实施配套机制是否充分；⑧实施成本与代价是否合理；⑨制定与实施是否存在创新；⑩行政规范性文件是否具有协调性；⑪行政规范性文件是否具有可操作性；⑫行政规范性文件是否利于营商环境建设；⑬行政规范性文件是否与国家改革精神、发展形势相适应。

除此以外，本书认为，鉴于很多地方的行政规范性文件制定之后被束之高阁，文件规定与行政实践"两张皮"的情形，应当把文件的实施度也作为评估标准。在评估过程中，着力关注实施机关采取了哪些措施、进行了哪些执行活动。

六、评估结论与建议

评估结论即是对文件进行评估后形成的命题和观点。

在报告撰写过程中，如果提出修改建议，则应当使建议尽可能地具体化，使相关各方能够从报告中获得直接、可操作化的方案。

七、报告附录

报告附录涵盖的范围较广，它包括评估方案、调研提纲、问卷设计、座谈会纪要、评估参考的法律法规规章等内容。

评估团队负责人可根据具体情况，将那些最能反映评估活动的内容列入附录，使附录成为验证报告内容、佐证报告科学性的相关材料。

第三节　报告的形式要求

后评估报告是记载规范性文件实施后评估活动的载体，为了加强报告撰写的规范化，参照《党政机关公文格式》国家标准（GB/T 9704-2012）从结构体例和语言表达两方面阐释后评估报告的形式要求。

一、结构体例

参照《党政机关公文格式国家标准》，后评估报告形式的结构体例可分为标题、正文和附件三个部分。

拟制标题要注重规范性和完整性。一般标题结构为"文件名称+实施后评估报告"，并注明发文机关或实施机关。如《〈北京市XX区X镇进一步加强和规范农村宅基地建房审批管理的实施方案（试行）〉实施后评估报告》中注明了文件实施主体；《北京市公安局XX分局　北京市XX区生态环境局　北京市XX区交通局〈关于对部分载客汽车采取交通管理措施的通告〉实施后评估报告》中注明了联署发文机关，注明联署发文机关的全称时应将主办机关名称放在标题行首，各发文机关名称空一字。

后评估报告的标题一般用二号小标宋体居中显示，标题出现多行排布的情况时要注意：①标题换行时不能把含义完整的词组分割成两行，如"住房保障"就属于含义完整的词组，应出现在一行，不能将其分割编排。②出现多行标题时，总体外观要控制成梯形（包括上梯形和下梯形）或菱形的样式，每行标题的字数不宜过多。[1]

正文序号依次以"一、""（一）""1.""（1）"进行标注。需要特别注意序号后标点符号的使用。一级标题后的标点符号为序号后添加顿号，如"一、二、三、"；二级标题的括号外不添加标点符号，如"（一）（二）（三）"；三级标题需要注意序号后添加点，如"1.2.3."；四级标题的括号外不添加标点符号，如"（1）（2）（3）"。

后评估报告的正文字体为三号仿宋。需要注意的是正文中小标题的字体各不相同：一级标题用三号黑体加粗，二级标题用三号楷体加粗，三级和四级标题与正文一致，采用三号仿宋字体。正文设置为两端对齐，首行缩进两字符。

---

[1] 参见岳海翔：《党政机关公文标准与格式引用指南：解读｜案例｜模板》，人民邮电出版社2019年版，第41页。

后评估报告的附件需要在正文结束后另起一页来编排附件。需要注意的是，第一行顶格编排，"附件"二字后标冒号和附件名称，如"附件××××"。如有多个附件，使用阿拉伯数字依次标注附件顺序号，如"附件：1.×××××"，需要注意附件名称后不添加标点符号。

后评估报告中的"附件"字体为黑体三号加粗，附件格式要正文相同，使用三号仿宋字体。

二、语言表达

行政规范性文件后评估报告需要用于文件的立改废，以及作为政府信息向社会公开，为此，报告应该专业严谨、通俗朴实、精简凝练。在撰写报告时应注意以下要求：

第一，注重表述专业严谨。要求准确使用法律概念和专业术语，使用规范的书面语言，不使用口语、方言、俗语和俚语等口头语言。不使用非规范化的概念和术语，不使用国家已废除的术语和概念。

第二，词语和句子应当措辞严谨。努力做到表意准确周密，词语所表达的含义指向理应具有唯一性，需要注意仔细辨析相近词语的差别。

第三，使用的语言文字应当通俗易懂。不应使用晦涩难懂、模棱两可、故弄玄虚的表达方式；对于无法避开的生僻概念，应作出浅显易懂的解释。

第四，语言结构要精简凝练。应当言简意赅、避免重复，不进行辞藻堆砌。

第五，注重逻辑、突出重点。应当把握不同内容的详略程度，合理安排报告结构。

第六，语气要得体适当。报告应站在客观立场对规范性文件进行分析评价，准确把握词语的感情色彩。

另外，当报告是由第三方所撰写时，报告应当贴近"公文"文风，使具备一般人文通识水平的人都能读得懂，能对所陈述内容做出正确与否、质量高低的判断。一般不宜在报告中过多使用某些阅读门槛较高的学术化表达方式。

第十一章

行政规范性文件后评估的结果应用

评估结果作为判定行政规范性文件有关状况的依据，对它的运用应该得到充分重视。"行百里者半九十"，如果在成果运用的环节做不好，将会使整个评估活动的效能大打折扣。在实践中，一些地方重评估过程、轻结果运用，导致花费了巨大成本得来的评估报告或者被束之高阁，或者没有发挥应有作用。类似这种情况是应当竭力避免的，相关主体应当把行政规范性文件后评估结果运用这"最后一公里"的路程走好。

第一节 后评估结果运用的主体类型

根据既有的行政规范性文件后评估制度，结合各地的实践探索，可以看到，主要存在以下几类运用主体：

第一，行政规范性文件制定与实施机关。文件制定与实施机关是评估结果的首要运用主体。一般情况下，文件评估结束后，其评估结果都要反馈给制定与实施机关，协助其修改、废止或提升规范性文件，抑或协助其更加有效地贯彻落实文件。

第二，司法行政机关。近年来，随着司法行政改革稳步推进，司法行政机关在法治建设领域所发挥的作用日益凸显。司法行政机关是政府的法治助手，承担着政府内部法治监督的重大责任。司法行政机关应当利用好后评估结果，一则督促相关部门有效落实文件，二则总结提炼规范性文件制定实施过程中的经验，为进一步的立法创制活动创造条件。行政规范性文件后评估是行政司法机关履职的一个抓手，要用好评估结果，把这个"抓手"抓牢。

第三，同级人民政府或上级行政部门。行政规范性文件作为行政机关实施行政活动的重要手段，发挥着明确和细化上位法律政策、弥补成文法局限和弥补政策缺漏的功能，但是这种细化和弥补是否到位，上级政策是否得到有效执行，均取决于行政规范性文件制定和实施质量。通过行政规范性文件后评估，同级人民政府与上级行政部门可以较好把握相关机关的法律政策贯彻执行情况。就此而言，行政规范性文件后评估报告可以成为政府体系内部自我调控的重要资源，同级人民政府和上级行政部门可以通过评估报告，对相应部门的履职进行监督与督促，维护政令畅通。

第四，行政机关工作人员。知法守法、依法办事是对行政机关工作人员的基本要求。不断提高行政机关工作人员的政策与法治素养，是国家治理现代化的应有之义。行政规范性文件后评估报告，则是行政机关工作人员进行政策与法治学习的具体的、鲜活的、"接地气"的素材。可将行政规范性文件后评估报告纳入法治培训中，以典型案例、现实议题增强法治培训的效果，让评估报告成为"活教材"。

第五，社会公众。在实践中，一些部门和地方要求将行政规范性文件后评估结果向社会公开。例如《国土资源部规章和规范性文件后评估办法》第 18 条规定国土资源部规章和规范性文件实施绩效年度报告依照有关规定向社会公开。《湖州市水利局行政规范性文件制定后评估制度》第 13 条规定了后评估报告所提建议应向社会公布。《重庆市江北区行政规范性文件制定后评估制度》第 12 条规定评估报告应在报告批准后 15 日内向社会公布。经过公布的评估报告，可以成为社会公众了解相关领域政策、维护自身合法权益、积极参与公共事务的重要媒介。更为重要的是，它能成为社会公众监督政府的重要支撑。

除此以外，承担政策制定、规章起草、法规制定的政府法制部门和人大立法机关，也是规范性文件后评估结果的运用主体。它们往往能在评估报告中及时获取立法选题，通过评估报告总结提炼各种措施和做法。

第二节　将后评估报告用于政策优化

行政规范性文件后评估报告可用于政策的改进提升，发挥政策优化的功能。此处的政策优化功能，侧重于从文件制定机关的角度对规范性文件后评估报告的结果进行应用，主要表现为后评估报告为相关规范性文件的制定、修改、废止等活动提供参考，使相关政策能够得以及时、有效地克服缺陷、提升品质。

第一，后评估报告助力规范性文件的科学创制。在整个后评估环节中，涉及对规范性文件的内容、制定程序、实施过程、落实程度等各个方面的评估，而这些评估内容最终都将通过后评估报告的形式表现出来。一份完整的后评估报告能够全面系统地反映该规范性文件从"出生"到"运行"的整个过程。行政机关在制定其他规范性文件时，可以通过借鉴后评估报告呈现出的经验，为其他规范性文件的制定提供参考。

第二，后评估报告促进规范性文件的优化修改。后评估报告是规范性文件进行修改重要的依据。如果一份后评估报告显示，在该规范性文件实施期间，其内容得以顺利贯彻实施且实施效果明显，达到了该规范性文件的预期实施效果，那么说明该规范性文件在内容上具有合理性和可操作性，此时，就可继续施行该文件。相反，如果该规范性文件未能得以顺利执行，或是在其实施过程中存在着明显的障碍，或是由于其他原因导致该规范性文件的实际实施效果与其预期实施效果相比差距较大，此时，对行政规范性文件内容进行修改就显得很必要了。

第三，后评估报告推动规范性文件的适时废止。部分规范性文件在实施一段时间后，对其进行评估时发现其存在着严重的问题，如严重违反法定程序发文、严重违背法律、法规、规章或者上级政策，或者在具体实施过程中发现内容严重不符合实际情况，那么，规范性文件就严重缺乏合法性与合理性，就需要废止它。

总之，后评估报告可以推动文件制定和实施主体优化文件本身，甚至优化相关的整个政策体系。规范性文件制定实施主体应当发挥好后评估报告的这些功能，让评估活动与法治建设、治理升级密切关联起来。

第三节　将后评估报告用于政策监督

较之于后评估报告的政策优化功能，政策监督功能更强调政府法制部门、本级政府、上级政府及其他监督机关在规范性文件运行过程中及时发现问题、及时督促有关机关进行整改。将行政规范性文件后评估结果用于政策监督主要有以下几个层次。

第一，政府法制部门、本级政府或相关监督部门参照后评估报告，督促相应机关纠正文件自身存在的问题。如前文所述，文件本身包括合法性、合理性、协调性等诸多规范性要求。以后评估报告为参考，可以有效地捕捉到规范性文件的问题，从而积极督促相应机关进行纠正。例如某地市场监管局出台对相关食品安全不合格的行政处罚规范，但后评估报告显示，该文件明显减损公民、法人及其他组织合法权益，此时，政府法制部门等就可根据评估报告，提出监督整改要求。

第二，政府法制部门、本级政府或相关监督部门等通过后评估报告，督促相应实施机关改进执法方式和管理服务方式。后评估属于"回头看"，重点关注文件实施过程中是否存在"走样变形"的情形。比如，如果文件实施过程中责任机关没有遵循公平原则，存在"畸轻畸重"的现象，就可以要求其改进执行方式。如果存在文件制定出来之后被搁置或者实施度较低的问题，则可要求文件实施部门切实采取措施，加强实施力度。

第三，政府法制部门、本级政府或相关监督部门还可以依托评估报告，通过奖惩措施，引导文件制定与实施机关提升工作质量。例如，根据评估结果，可对那些文件质量较高、文件实施较为扎实有力、取得了创新性政策经验的主体进行表彰，鼓励其在规范性文件制定与实施上再接再厉；而对那些文件质量较差、文件实施状况不佳的单位，在法治考核、业绩考核等环节进行"扣分"处理，督促其严肃认真对待规范性文件的制定与实施。

第四节　将后评估报告用于法治教育

　　行政机关工作人员具备良好的法治素养和行政本领，是建设政府法治、推进治理现代化的关键。将后评估报告用于法治教育，主要是指将富含实践经验的评估报告纳入行政机关工作人员的法治学习与培训过程中，从而使评估报告成为提升行政机关工作人员法治素养和行政本领的一种有力工具。将行政规范性文件后评估报告用于法治教育，主要可从以下两方面入手：

　　第一，将评估报告当作法治培训的"活教材"。每一部评估报告，都是对行政规范性文件全过程的"体检"与反思，它不仅透视文件制定过程、文件内容体系、文件实施体系，还能分析文件及其实施包含的得失经验。在法治培训中，对一份报告进行系统学习，可使行政机关工作人员对一项政策文件进行全过程了解，不仅知其然，更知其所以然。这对于提升行政机关工作人员的政策与法治素养是非常有帮助的。另外，相关部门还可以以后评估成果为基础，召开规范性文件经验总结会、法治研讨会等，让行政机关工作人员在政策的全流程之中展开实战性学习。

　　第二，将后评估报告当作弥合不同政策环节的粘合剂。在行政规范性文件制定与实施过程中，包含多个政策环节，比如政策制定环节、政策执行环节、执行监督环节等等。这些不同的环节往往由不同的部门或人员负责。如此，文件制定者、执行者和监督者就会存在信息差。执行者可能会埋怨制定者不切实际，制定者则可能会埋怨执行者实施不积极不规范，监督者也可能会认为制定者或执行者缺乏责任心。通过全流程"体检"的后评估报告，这些不同环节的主体得以全流程审视政策过程，从而以整体的视域来审视自身的工作。这样的全流程学习反思，有助于行政规范性文件运行各环节克服部门思维和本位主义，进而在制定环节更加科学合理，在执行环节更加规范有效，在监督环节精准公平。

第五节　将后评估报告用于公众参与

行政规范性文件后评估报告是推进公众参与公共事务和社会治理的重要媒介。一定程度上，行政规范性文件后评估本身就是文件制定和实施机关向公众承担责任的一种表现。应当充分发挥评估报告的公众参与功能，使评估工作和公众参与形成密切结合。

第一，发挥评估报告在政府信息公开方面的作用。行政规范性文件后评估报告包含了丰富的政策信息，这些政策信息有助于公众了解相关政策领域的制度内容和制度实施状况。评估活动结束后，应当及时、充分地公开报告内容，通过多种渠道让公众知悉相关信息。

第二，发挥评估报告在公民权益维护方面的作用。行政规范性文件后评估报告是对文件制定及实施的一种反思性叙事，通过这些专业化的反思性叙事，可以引导公民知悉自身权益，提升维护自身权益的能力，甚至培育公民进行公共政策分析判断的能力。事实上，法治建设的一个重要方面就是提升公民权益维护的能力，行政规范性文件后评估工作应当始终不忘"以人民为中心"的基本立场，不仅评估过程要向人民群众开放，评估结果也要向人民群众开放，使评估报告成为公民权益维护的一种助力。

第三，发挥评估报告在普法方面的潜能。普及法律知识是法治建设的内在环节。然而，普法工作应当创新形式，才能摆脱目前普法工作"雨过地皮湿"等效力不高的局面。应当让人民群众在系统化、实践化、细节化的语境中接受法律知识。规范性文件后评估报告是对规范性文件的一次系统"体检"，公众可以通过这个"体检"报告，深入到政策与法治的内部脉络中，理解法治工作的逻辑、把握法治工作的细节、分析判断法治工作可能遇到的痛点难点。通过行政规范性文件后评估报告进行的"普法"，是一种深度的、具体的、情景化的普法。我们应当把评估报告的这种功能充分发挥出来。

第六节　将后评估报告用于立法创制

后评估报告对行政部门、政府和人大的立法创制工作具有显著的参考作用。行政规范性文件是一种"准法律"，对它的评估也是一种"准立法评估"。在评估报告中，包含了一系列可供行政部门、政府和人大进行参照借鉴的内容。

第一，对于立法创制工作来说，行政规范性文件后评估本身就是一种"立法前调研"工作。不管是对新的规范性文件文件的制定来说，还是对于规章法规的制定来说，在展开制定工作之前，都需要对相关领域的状况——尤其是管理规制状况——进行调研。只有通过扎实的调研工作，随后的立法创制工作才能具有扎实的基础。规范性文件后评估工作本质是一种对特定领域管理规制的状况的一种系统研究，相关立法创制机关如果能认真阅读学习其评估报告，可以获得大量而切实的信息。

第二，对于立法创制来说，行政规范性文件后评估也是一种试验经验的总结。相当部分的行政规范性文件，可以视为规章法规的"基层试验"。规范性文件中所包含的制度机制，其合法性是否充分、合理性是否充足、可操作性是否具备，以及实施效能是否理想，在评估过程中都得到了检视。我国有"试验立法""试点立法"的传统，事实上，相当部分的行政规范性文件就具有"实验立法""试点立法"属性。对这些规范性文件的评估，可以看作是对相关"实验立法""试点立法"的反思与总结。一旦把握了行政规范性文件后评估的这一属性，就能把评估工作和相关立法创制工作有机衔接起来。

　　总之，我们应当具有开阔的视域，把行政规范性文件、规章、法规甚至国家法律贯通起来看，把它们都看作治国理政的规范。继而，把身处基层、内容鲜活、实践性强的行政规范性文件制定实施经验，积极吸纳到更高位阶的立法创制工作中。那些承担立法创制职能政府法制部门或人大立法机构，要善于挖掘行政规范性文件的后评估报告的立法创制方面的作用。

第十二章

行政规范性文件后评估实践：反思与再塑[1]

　　行政规范性文件后评估是近年来在我国逐渐推广开来的一项评估工作。笔者从 2022 年起，先后承担了北京市某区近 4 年共 42 份行政规范性文件的后评估工作，辅导了北京市某区司法局、科学技术委员会、经济和信息化技术局等部门的行政规范性文件后评估活动。在实施和参与实施这些评估工作的基础上，经过进一步调查研究，笔者发现，我国正在进行的行政规范性文件后评估工作虽然已经取得不少成绩，但同时还存在一系列的问题和工作缺陷。如果这些问题和缺陷得不到及时有效的处理，行政规范性文件后评估工作可能会遭遇"质量瓶颈"，工作的效能会受到严重制约。笔者结合自身的评估经验，根据评估工作的内在原理，对我国当前的行政规范性文件后评估工作进行反思，并针对所存在的问题提出优化意见。

第一节　行政规范性文件后评估实践的现状

　　截至目前，总体审视我国的行政规范性文件后评估工作，我们可以用"普遍展开、尚未发力"来形容。所谓"普遍展开"，是指从中央到地方已经部署和展开了对行政规范性文件的后评估工作，一些部门和地方还建立

---

〔1〕　本部分内容发表于《北方工业大学学报》，2023 年第 3 期。

了后评估的制度机制。而所谓"尚未发力"，则是指这项工作虽然已经普遍展开，但其水平和质量还不高，工作效能和价值还没有充分发挥出来。

一、后评估的基本成就

经过中央和地方的上下联动，行政规范性文件后评估工作取得了较大进展。

第一，中央进行了一系列规划部署。过去近二十年，国务院陆续对行政规范性文件的后评估工作实施了部署。2004年，国务院发布《全面推进依法行政实施纲要》，要求规范性文件施行后，制定机关、实施机关应当定期对其实施情况进行评估。实施机关应当将评估意见报告制定机关；制定机关要定期对规范性文件进行清理。2010年，国务院发布《关于加强法治政府建设的意见》（已失效），要求对不符合经济社会发展要求，与上位法相抵触、不一致，或者相互之间不协调的行政法规、规章和规范性文件要及时修改或者废止。2018年，国务院发布《关于加强市县政府依法行政的决定》，要求"严格规范性文件制定权限和发布程序""完善规范性文件备案制度""建立规范性文件定期清理制度"。同年，国务院发布《关于加强行政规范性文件制定和监督管理工作的通知》，规定要严格规范性文件制定权限和发布程序、完善规范性文件备案制度、建立规范性文件定期清理制度。2021年，中共中央、国务院发布《法治政府建设实施纲要（2021－2025年）》，进一步要求"加强对行政规范性文件制定和管理工作的指导监督，推动管理制度化规范化"。以上这些中央层面的规划部署，为各政策领域和各地方的探索实践提供了指导。

第二，国家部委对行政规范性文件后评估工作进行了探索。较早开展规范性文件后评估工作的部委是国土资源部（现为自然资源部）。早在2010年，国土资源部即发布了《国土资源部规章和规范性文件后评估办法》（已失效）。随后，原国土资源部对如何进行规范性文件后评估进行了细化，并形成了《国土资源部规章和规范性文件实施绩效报告》。该报告的主要内容包括后评估工作开展情况、规章和规范性文件实施取得的成效和存在的问题、相关政策建议和后评估报告的概要，并从废止、修改、制定配套制度、改进管理、继续执行等层面提出了处理建议。除此以外，2012年，国家海事局发布了《海事局海事法规和规范性文件后评估办法》，并根据该办法进行了一系列后评估实践。

第三，地方对行政规范性文件后评估进行了持续而广泛的探索。根据"北大法宝"等工具的检索，早在2007年，山东省烟台市在烟台市人民政府法制办公室《关于上报依法行政工作情况的通知》中，就将是否建立规范性文件后评估制度纳入政府依法行政的指标体系中。从2010年起，天津、河北、辽宁、吉林、江苏、浙江、安徽、河南、四川、云南等地的省市政府开始陆续发布专门针对开展地方规范性文件后评估工作的通知。2020年以来，行政规范性文件后评估工作进入蓬勃发展阶段，各地纷纷推进该项工作。在展开后评估工作的同时，各地还陆续建立了后评估的制度机制。

据初步统计，截至2023年4月，建立行政规范性文件后评估制度机制的地方政府和部门达22个。

	制定主体	文件名称	发布时间
1	四川省达州市人民政府	《关于开展重大行政决策及规范性文件后评估工作的通知》	2010年9月
2	江苏省昆山市人民政府办公室	《昆山市规范性文件实施效果评估办法》	2010年12月
3	江苏省司法厅	《江苏省司法厅规范性文件后评估办法（试行）》	2010年12月
4	江苏省淮安市人民政府办公室	《淮安市规范性文件后评估办法》	2011年8月

	制定主体	文件名称	发布时间
5	江苏省常州市人民政府办公室	《常州市规范性文件实施情况后评估办法》	2013 年 1 月
6	广东省揭阳市人民政府	《揭阳市行政机关规范性文件评估清理工作规定》	2014 年 7 月
7	河南省濮阳市人民政府办公室	《濮阳市人民政府规范性文件后评估办法》	2014 年 9 月
8	江苏省南通市人民政府办公室	《关于进一步做好市政府规范性文件后评估工作的通知》	2015 年 1 月
9	北京市通州区人民政府	《通州区行政规范性文件管理规定》	2015 年 7 月
10	江苏省盐城市人民政府	《盐城市规范性文件实施效果评估办法》	2015 年 11 月
11	河北省沧州市人民政府	《沧州市规范性文件评估清理工作规定》	2016 年 12 月
12	山东省潍坊市人民政府办公室	《潍坊市政府规章和规范性文件评估办法》	2016 年 12 月
13	河北省沧州市人民政府	《沧州市规范性文件评估清理工作规定》	2017 年 4 月
14	山东省司法厅	《山东省行政规范性文件评估暂行办法》	2020 年 6 月
15	北京市西城区人民政府	《北京市西城区行政规范性文件管理办法》	2020 年 11 月
16	浙江省湖州市水利局	《湖州市水利局行政规范性文件制定后评估制度》	2020 年 11 月
17	重庆市江北区人民政府	《重庆市江北区行政规范性文件制定后评估制度》	2021 年 2 月
18	北京市房山区琉璃河镇人民政府	《房山区琉璃河镇行政规范性文件制定和监督管理办法》	2022 年 3 月
19	贵州省贵阳市南明区人民政府	《南明区行政规范性文件后评估制度（试行）》	2022 年 4 月
20	云南省红河哈尼族彝族自治州屏边苗族自治县人民政府	《屏边县行政规范性文件制定后评估制度》	2022 年 9 月

续表

	制定主体	文件名称	发布时间
21	北京市石景山区人政府	《北京市石景山区行政规范性文件备案审查与后评估工作规定》	2022 年 11 月
22	湖南省衡阳市南岳区人民政府	《南岳区行政规范性文件后评估制度（试行）》	2023 年 2 月

通过以上层面的努力，行政规范性文件后评估逐步成为内嵌于当代中国治理体系的一项制度。它使当代中国基层治理和地方法治具有了一种督促机制，使当代中国基层治理和地方法治在评估工作的推动下不断趋于公开透明、科学合理和规范高效。总之，我们可以把行政规范性文件后评估的发展当作当代中国基层治理体系和治理能力走向现代化的一个关键节点。

二、后评估的现存问题

在取得较大成就的同时，行政规范性文件后评估领域也存在着亟待解决的问题。总体审视，该领域目前存在着三个方面的主要问题。有的属于宏观的制度认知和制度定位问题，有的属于微观的技术操作问题。

第一个方面的问题是理论研究较为薄弱。目前，我国对于行政规范性文件后评估的理论研究还比较匮乏。通过"中国知网"等渠道搜索检视可以看到，只有少量的学术文章涉及行政规范性文件后评估。例如，章志远、朱渝曾结合自身对行政规范性文件后评估的经验，分析了该制度在机制和操作层面的一些问题，提出了一些技术性的优化建议。[1]袁建涛分析了行政规范性文件的初步特点，对后评估制度建设提出了一些看法。[2]齐睿、李宇凯围绕原国土资源部对行政规范性文件的后评估，指出了实践

---

〔1〕 章志远、朱渝："行政规范性文件后评估立法面向问题研究"，载《江淮论坛》2012 年第 6 期。

〔2〕 袁建涛："构建行政规范性文件后评估体系"，载《湖南行政学院学报》2016 年第 5 期。

中制度动力机制缺乏、评估结果信度较弱、评估环境不友好等问题。[1]陈仪对近年来我国行政规范性文件后评估的状况进行了初步梳理和分析，对所存在的问题提出了一些技术性建议。[2]除此以外，中国政法大学、山东大学近年来陆续有少量硕士学位论文研讨行政规范性文件后评估。[3]总体来说，这个领域的学术研究不仅数量不够，研究深度也不够，很多深层次问题都没有涉及。

对行政规范性文件后评估研究薄弱的一个重要原因，是很多学者把该评估工作视为立法后评估的"低配版"，即认为只要研究清楚了立法后评估问题，行政规范性文件后评估问题自然就清楚了。

第二个方面的问题是制度定位存在偏差。在实践中，人们经常把行政规范性文件后评估和行政规范性文件备案审查归为同一类属。所谓行政规范性文件备案审查，是指在行政规范性文件发布实施之前，由政府内部的法制部门或人大法制审核机构对行政规范性文件进行的备案审查。它的主要功能是对行政规范性文件的合法性进行把关，消除基层治理政策中的违法风险，维护国家法制的统一性和权威性。把二者视为同一类属，其中比较典型的一个表现是很多地方把行政规范性文件备案审查制度与后评估制度放在同一个文件中予以规定。例如，《浙江省行政规范性文件管理办法》《北京市西城区行政规范性文件管理办法》《北京市石景山区行政规范性文件备案审查与后评估工作规定》等，都在同一个文件中规定了备案审查和后评估两种制度。

对行政规范性文件后评估的这种定位，会导致一系列的实践偏差。首先，它会把后评估误认为"第二轮备案审查"。例如，在调研过程中，一

---

〔1〕　齐睿、李宇凯："国土资源规章和规范性文件后评估制度探析——基于制度变迁的视角"，载《中国地质大学学报（社会科学版）》2012 年第 2 期。

〔2〕　陈仪："行政规范性文件后评估制度及其完善"，载《山东科技大学学报（社会科学版）》2020 年第 6 期。

〔3〕　例如，王楠："规范性文件后评估制度探究"，山东大学 2018 年硕士学位论文；刘凯："行政规范性文件后评估制度研究"，中国政法大学 2019 年硕士学位论文。

些机关干部就向笔者抱怨，认为通过政府法制部门（司法行政机关）的审核，再加上同级人大相关部门的审核，行政规范性文件存在差错的可能性已经很小了，不必再搞后评估了。其次，它会忽视后评估制度的法制审核之外的其他职能。在实践中，很多评估主体主要着眼于评估对象的合法性问题，对文件的科学性、合理性、可操作性以及文件实施过程中的回应性、效能性、经验创新等重视不够，从而导致本应在后评估过程中发现的问题被忽视，本应在后评估过程中提出的优化建议没有能够明确提出来。

第三个方面的问题是评估方式刻板单调。由于理论研究的匮乏和制度定位的偏差，行政规范性文件后评估在方式方法上显得刻板单调。在实践中，很多评估主体把目光聚焦于作为评估对象的政策文件本身，从文件的制定、执行和执法效果几个方面进行评估。这样的评估方式本质上是对政策文件内部要素的分析。它对政策文件外部的问题针对性、语境协调性、方案优选化、绩效多维化往往无法实质触及。事实上，后评估应当是对政策文件的一种反思性评估，它应当从问题语境去看待政策文件，把既定政策文件当作问题语境的方案之一加以审视。目前评估实践中的方式，视域宽度不够，所能把握的评估层次较为单薄，使得后评估活动的效能大打折扣。

第二节　行政规范性文件后评估的定位矫正

为了使行政规范性文件后评估功能充分发挥，首先需要对行政规范性文件后评估进行定位矫正，使之从目前的"法制审核定位"转变为"公共政策评估定位"。

目前，行政规范性文件后评估实践总体上倾向于一种"法制审核定位"。在制度机制创设的层面，很多地方将行政规范性文件后评估和备案审查放置到一个文本中进行规定，并把二者视为法制审核的不同环节。上文提到的《浙江省行政规范性文件管理办法》《北京市西城区行政规范性文件管理办法》《北京市石景山区行政规范性文件备案审查与后评估工作规定》都属于这种情况。同时，在后评估的责任主体方面，很多地方将政府的司法行政部门（政府法制部门）当作后评估活动的统筹组织者或具体实施者。2014年9月印发实施的《濮阳市人民政府规范性文件后评估办法》规定由市政府法制机构协调组织有关规范性文件执行机关及相关学会协会、社会组织等开展后评估工作；[1]2018年12月印发实施的《咸宁市行政规范性文件实施后评估办法》要求市、县（市、区）人民政府法制机构、各部门法制机构分别负责本级人民政府和本部门规范性文件实施后评估的组织、指导、协调和监督工作；[2]2020年11月印发实施的《北京市西城区行政规范性文件管理办法》要求区司法局负责区政府行政规范性文件的审核、备案、清理、评估、监督等管理工作。制定机关的法制机构或者负责法制工作的科室，负责本机关行政规范性文件的审核、备案、清理、评估、监督等管理工作。[3]另外，一些地方规定了由文件制定或实施单位承担后评估责任，但其评估报告需要提交政府法制机构进行审核认可。在具体的评估过程中，主要的参与力量是法律界人士，具体包括政府内部的法制工作人员、行政法领域的专家学者，以及公职律师或受委托的律师事务所律师。从各地公开发布的后评估报告看，评估活动对于法律问题的分析较为细致和透彻，而对于政策合理性、政策措施有效性、政策实施效能等的分析评估较为薄弱。[4]

　　细致分析，行政规范性文件后评估之所以会形成一种法制审核的定

---

〔1〕　参见《濮阳市人民政府规范性文件后评估办法》第4条。

〔2〕　参见《咸宁市行政规范性文件实施后评估办法》第5条第2款。

〔3〕　参见《北京市西城区行政规范性文件管理办法》（2020年修订版）第5条。

〔4〕　参见"杭州市临安区於潜镇人民政府委托浙江浙临律师事务所所作的《关于印发於潜镇经济发展奖励扶持政策的通知》行政规范性文件后评估项目评估报告"，载 http://www.linan.gov.cn/art/2021/7/22/art_1229561792_1820347.html，2023年3月25日访问；杭州市发展和改革委员会："关于2021年度行政规范性文件后评估工作的报告"，载 http://drc.hangzhou.gov.cn/art/2021/11/24/art_1229057478_58903029.html，2023年3月25日访问；开阳县司法局："开阳县行政规范性文件实施后评估报告"，载 https://www.kaiyang.gov.cn/zfbm/xsfj/zfxxgk_5777351/fdzdgknr/ggflfw_5781590/202206/t20220610_74740604.html，2023年3月25日访问。

位，主要原因可能包括以下方面：首先，法制审核涉及的技术相对简单，可操作性较强；其次，经过多年的政府法治建设，法制审核的人力资源相对丰富，通过政府内部动员和外部吸纳，可以组建较为可靠的审核团队；最后，法制审核的确定性较强，规范性文件内容是否合法在分析判断上较为清晰，评估结论的争议性较小。

然而，把行政规范性文件后评估定位于法制审核，存在着一系列的消极效应。其中有两个方面的消极效应最为突出：其一，它会导致行政规范性文件的后评估活动和备案审查活动功能重复，从而导致制度资源和评估资源的严重浪费；其二，它会使后评估制度本应具有的政策优化功能受到严重限制，政策决策、政策措施和政策执行各方面的问题会因为后评估的窄化、异化而无法被发现和纠正。

总而言之，如果把行政规范性文件后评估定位于法制审核，则会使它变成一个"多余的制度"。故应当对行政规范性文件后评估的定位进行"正本清源"，使它回到本然的公共政策评估的定位上。

法制审核定位与公共政策评估定位具有显著的差异，我们通过对比，来初步呈现这种差异：

	法制审核定位	公共政策评估定位
目标	法律控制	政策优化
对象	政策内部环节的合法性	政策本身的品质
方法	对政策要素的分析审视	对政策整体的综合反思
要求	法律分析技能	政策分析综合技能
影响	使评估窄化、机械化	充分发挥评估的功能

将行政规范性文件后评估定位为公共政策评估，可以有力促使目前的后评估实践突破一系列"瓶颈"。

首先，它可以使行政规范性文件后评估在国家治理现代化的开阔场域中发挥作用，而非仅仅限于对行政规范性文件进行法律控制。

正如学者所指出的，"公共政策评估是国家治理体系的重要组成部分，是推进国家治理能力现代化和政府管理创新的重要举措，是促进重大公共政策落到实处的重要方式，对完善有关改革方案和重大政策，提高改革决策和政策的科学性、准确性，具有重要作用和意义"。[1]一旦正确定位，行政规范性文件后评估对相关政策的介入深度和介入广度会极大改进，从而有力保障相关政策科学合理，促进基层治理走向规范高效。

其次，它可以将公共政策评估的丰富经验"引流"到目前的后评估实践中，使后评估实践在原理、技术各方面较快地走上正轨。

公共政策评估具有较为悠久的历史和较为丰富的经验。公共政策评估主要发源于美国。19世纪末期，美国即在教育、公共卫生、工程建设等领域展开了一些绩效测评工作。随着美国政府职能的不断扩张，公共政策评估也开始勃兴。"1933年经济危机至20世纪70年代，从'罗斯福新政'到约翰逊政府'伟大社会计划''对贫困宣战计划'，一系列社会政策出台、一大批公共工程落地，客观上产生了对政策评估的需求，推动形成了以政府支出的绩效评价为主要内容的评估模式，核心是关注投入产出效率、控制财政预算支出、提高政府服务质量。"[2]随后，美国的公共政策评估不断丰富发展，与公共政策的制定、实施形成密切的互动关系，成为政府治理过程中的一个有机环节。受美国的影响，一些欧洲国家如英国、法国、德国等，以及其他地区的一些国家如日本、韩国、澳大利亚等，也陆续开展了较为系统的公共政策评估工作。在国际层面，联合国、世界银行、经济合作与发展组织等也展开了政策和项目评估。另外，特别值得注意的是，围绕政策评估，国际层面还设立了国际评估合作组织（IOCE），该组织"作为全世界地区性和国家性评估组织的松散联盟，致力于在发展中国家建立评估领导阶层和培养能力、促进全世界范围内的评估理论与实践共同发展、解决评估领域的国际性挑战、帮助评估领域以更为全球化的

---

〔1〕李志军："加快构建中国特色公共政策评估体系"，载《管理世界》2022年第12期。

〔2〕李志军主编：《公共政策评估》，经济管理出版社2022年版，第169页。

方法来确认世界性的问题并提出解决方案"。[1]可以说，发达国家和国际层面的公共政策评估已经积累了较为丰富的经验。同时，经过长期的探索，"我国公共政策评估进入快速发展阶段，覆盖面更广、参与机构更多，对有关决策、改革方案、涉外谈判方案和政策措施落实情况的评估工作逐步常态化，围绕重大改革方案、重大决策事项、重大政策实施效果，积极开展了广泛的公共政策评估工作"。[2]我国的公共政策评估也积累了一系列经验。在这种情况下，精准厘定行政规范性文件后评估的属性，明确它的公共政策评估定位，可以使它根据公共政策评估的原理和机制展开自身实践，直接援用一系列已经成熟的评估技术和方法，避免实践的低水平，避免实践的盲目性，也避免评估资源的严重浪费。

在行政规范性文件后评估定位矫正的过程中，公共行政领域的专家学者与法学领域的专家学者应当加强交流，共同研究、探讨行政规范性文件后评估涉及的一些关键问题，打破学术分工形成的知识壁垒，进而消除因学术分工带给治理实践的一些消极影响。

第三节　行政规范性文件后评估的目标重构

在明确了定位之后，行政规范性文件后评估需要进行目标重构，从而以合理的目标体系引领评估活动的系统深入展开。

在目前的实践中，行政规范性文件后评估主要围绕法制审核、法制控制设置制度目标。例如，2021年2月发布的《重庆市江北区行政规范性文件制定后评估制度》，就规定评估活动聚焦于文件是否与现行的法律、行政法规、地方性法规和政府规章相抵触，是否与上级政策存在冲突；是否增设相对人义务、减损相对人权利；是否设定了行政许可、行政处罚、行政强制等事项；是否制定含有排除或者限制公平竞争内容的措施；规定的

---

〔1〕 李志军主编：《公共政策评估》，经济管理出版社2022年版，第167页。
〔2〕 李志军："加快构建中国特色公共政策评估体系"，载《管理世界》2022年第12期。

制度、措施是否切合实际、具体可行、具有针对性，易于操作；实施效果是否达到制定预期目的；是否具有其他与改革精神、形势发展不相适应的情况。[1] 2022 年 11 月发布的《北京市石景山区行政规范性文件备案审查与后评估工作规定》则要求后评估活动围绕以下方面展开：合法性标准，即是否与现行的法律、法规及其他上位法相抵触，是否与上级政策存在冲突；合理性标准，即是否符合公平、公正原则，具体制度措施是否必要、适当，设定职权与责任是否相统一；协调性标准，即行政规范性文件之间是否存在冲突；可操作性标准，即规定程序是否易于操作；规范性标准，即文件制定技术是否规范；实效性标准，即行政规范性文件是否得到普遍遵守与执行，是否已达到预期目的。[2] 在具体的评估过程中，一些评估项目也会对行政规范性文件的可操作性、实施效能等进行评价，但其分析的深度往往不够，导致这些层面的评价目标不能实质达到。[3]

为了优化行政规范性文件后评估的状况，应当围绕其公共政策评估定位，对后评估的制度目标展开重构。具体而言，行政规范性文件后评估应当围绕以下三个方面的目标展开：

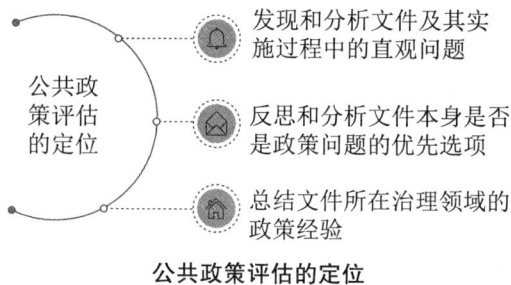

公共政策评估的定位

- 发现和分析文件及其实施过程中的直观问题
- 反思和分析文件本身是否是政策问题的优先选项
- 总结文件所在治理领域的政策经验

公共政策评估的定位

第一，发现和分析文件及其实施过程中的直观问题。"政策问题是没

---

〔1〕 参见《重庆市江北区行政规范性文件制定后评估制度》第 6 条。

〔2〕 参见《北京市石景山区行政规范性文件备案审查与后评估工作规定》第 20 条。

〔3〕 参见"杭州市萧山区行政审批服务管理办公室规范性文件后评估报告"，载 http://www.xiaoshan.gov.cn/art/2021/7/9/art_ 1229293116_ 1730913.html，2023 年 3 月 25 日访问。

有实现的需要、价值，或者是改进的机会。"[1]发现政策文件及其实施中的问题是一个基础性环节，它能够直接产生政策优化的效果。

在行政规范性文件后评估实践中，直观问题主要包括以下类型：一是文件制定的过程是否民主、科学。根据笔者切身的评估经验，那些严格遵循文件制定程序，且在制定过程中经过充分调查研究、反复沟通协商、认真分析论证的文件，往往具有较高质量，其后期的执行也往往顺利高效。相反，那些匆促制定、照搬照抄的文件，要么在制定后被束之高阁，要么在执行过程中会出现很多障碍，甚至会引发一些新的问题和矛盾纠纷。二是文件本身是否合法合理。所谓合法，即文件的内容与上位的法律法规、政策依据契合或者至少是不相冲突；而所谓合理，即文件规定的措施、手段对于解决相关问题有针对性，且在实施过程中具有可操作性，以及能够产生实效。三是文件制定之后是否已经充分实施。根据笔者在评估过程中的观察，那些赋予治理部门监管权力的文件执行程度较高，而那些要求治理部门积极作为、对社会或市场主体进行奖励引导的文件执行程度较低。在评估过程中，文件制定后不予实施或者实施不充分的问题是一个应当重点关注的问题类型。四是文件是否具有较为充分的实施绩效（performance）。公共政策实施最终是为了形成良好绩效，所以关注绩效是评估活动的当然要点。但同时，在评估过程中也需要注意，实施绩效本身具有多种层面的反映，它包括经济方面的绩效、社会方面的绩效、政治方面的绩效甚至是文化伦理方面的绩效。绩效概念的多元形式要求评估者在评估过程中学会系统而精准地"算账"，既要算"经济账"，也要算"社会账"，还要算"政治账"和"文化伦理账"。

就整个评估活动而言，以上这四个方面的问题是较为直观的，经过对它们的分析判断，能够对评估对象有一些初步的把握。

第二，反思和分析文件本身是否为政策问题的最优选项。正如学者指

---

[1] ［美］威廉·N. 邓恩：《公共政策分析导论》（第4版），谢明、伏燕、朱雪宁译，中国人民大学出版社2011年版，第50页。

出的那样，"政策分析是一个探寻有助于发现解决实际问题的方案的过程，词语'探寻'是指一个探索、调查或搜集解决方案的过程"。[1]通过对文件本身作为问题解决方案的反思，可以在更加开阔的视域内对文件进行评估，从而发现深层问题，形成更加富有建设性的优化意见。

在行政规范性文件评估过程中，涉及文件本身是否属于政策问题最优选项的事项包括以下类型：一是文件背后的问题是否已经存在有效的解决方案。笔者在评估实践中发现，存在着一些机械重复法律法规和上级政策的行政规范性文件。事实上，这些文件背后的问题已经存在着较为成熟的解决方案和处理机制。细致分析，文件制定部门可能为了"政绩"而重复制定政策方案，或者因为不熟悉相关法律法规或上级政策而无意识地进行了"冗余立法"。这类文件在具体内容上可能不存在明显的问题，但其本身缺乏存在价值。二是文件所包含的政策方案是否具有足够的财政支撑。笔者发现，一些基层部门制定的产业促进、行政奖励性质的行政规范性文件，其充分实施需要大额的财政支出。由于在文件制定过程中缺乏科学论证，缺乏与财政规划或实施部门的充分沟通，导致这些文件在执行过程中得不到应有的财政支持，进而无法执行或无法充分执行。这类文件的核心问题是缺乏"预算意识"或"成本意识"。三是文件所包含的政策方案是否存在过度监管。笔者发现，一些行政规范性文件本质上是过度监管的体现。尤其是在车辆限行、市容市貌村容村貌治理、农村宅基地使用领域，过度监管的问题比较普遍。细致分析，过度监管问题的背后往往是"懒政"问题，治理部门往往想通过"监管"代替"服务"，或者是想通过"监管"来规避应当担负的治理责任。四是文件所包含的政策方案是否存在社会经济、文化伦理层面的负外部性。例如，一些环保领域的行政规范性文件在缺乏替代措施的情况下，"一刀切"地严禁村民用煤炭和木材取暖，导致部分村民采暖成本大幅度上升，甚至导致一些经济能力较弱的村

---

[1]　[美]威廉·N.邓恩：《公共政策分析导论》（第4版），谢明、伏燕、朱雪宁译，中国人民大学出版社2011年版，第1页。

民在严寒中过冬，产生了非常消极的政策效果。又如，一些河流治理领域的行政规范性文件在缺乏合理补偿措施的情况下，要求大规模拆除河道两旁的建筑物，给部分村民带来重大经济损失，引起行政纠纷。一旦政策存在着这类重大的负外部性，政策本身也就缺失了正当性。

将文件本身作为问题的政策方案加以反思分析是文件备案审查与公共政策评估的重要区别。文件备案审查致力于解决一些法律层面的、直观层面的问题，它的目标是"纠错"。而公共政策评估则不仅要确认和处理这些问题，还要从建设性的角度提出层次更高的政策改进方案。为此，其目标则不限于纠正明显的错误，而是包括促进政策质量的提升。就此而言，公共政策评估能够从建设性的层面展开对行政规范性文件的分析评估，并提出切实可行的优化改进意见，直接影响着评估活动的效能。只有那些实现了这一目标层次的评估活动才是充分高效的评估活动。

第三，总结文件所在治理领域的政策经验。一个文件往往只代表特定时空中的一项治理方案。文件本身可以不断地"立、改、废"，但文件所在领域的治理事务往往具有持续性甚至持久性。为此，行政规范性文件后评估就应当着眼文件所在的治理领域，致力于去总结政策经验、积累治理的制度资源和政策资源。

在具体的后评估过程中，对文件所在领域的经验总结可围绕以下主题展开：

第一，哪些因素会影响政策文件的品质和实施效能？笔者在评估中发现，如果一个政策文件的形成具有扎实的前期实践基础，往往能够达到"高质高效"的结果。例如，北京市某区《养老服务驿站运营扶持实施细则》在制定之前，已经存在着较为系统的养老服务驿站运营经验。在此基础上，文件制定机关确立了政策扶持方案，使政策介入具有了"顺势而为"的特点，进而形成了较好的政策效果。笔者在调研中发现的另一条经验则是，如果政策制定者能把"制定—执行—优化升级"进行"一条龙"考虑，把现有政策措施与现阶段形势密切结合，同时为形势的发展变化留有政策余地，并在执行保障层面做好相关工作，往往也能产生较好的政策效果。笔者发现的一些反面教训则包括，如果主管部门"拍脑袋"决策，往往会导致文件脱离实际甚至违法违规；如果执行部门缺乏规范意识，总是根据惯习行事，则会将制定出来的文件束之高阁，造成现实治理与政策规范"两张皮"，等等。

第二，在什么条件下容易形成政策创新？政策创新是基层治理优化的重要动力。我国当前的基层治理体系完善、行政法治发展等的重要路径就是总结政策创新经验。为此，应当充分发挥行政规范性文件后评估在政策创新方面的潜能。根据笔者在评估过程中的观察，充分结合本地治理特色的文件容易形成政策创新。例如，某地的行政规范性文件围绕本地国家级文物保护需求制定，使政策措施具有极强的针对性和可操作性，并产生了明显的政策效果。又如，某地的行政规范性文件围绕本地独特产业发展布局—科幻产业促进—制定，使文件本身成为本领域的一项标杆性政策。笔者还注意到，巧用制度逻辑的政策也能形成政策创新。例如，北京市的"接诉即办"即是巧用制度逻辑进行制度创新的典型。"接诉即办"通过位阶较高的市级部门对市民诉求进行接诉"立案"，然后，将"立案"后的市民诉求向下分派、部署到各个办理部门办理，同时配以市级的严格监督检查。这一"高位接诉、向下部署"的操作，就像水塔一样，将来自基层的市民事务变成了来自上级的部署要求，从而大大增强了这些事务的"政治势能"，使之得以被基层部门认真对待和严肃办理。它有效化解了市民直接面对基层部门时"门难进、脸难看、事难办"的困境，大大提高了政府的回应性。

通过经验总结，既支撑了当前文件的"立、改、废"的管理和优化工作，也为文件所在领域的持续治理、治理优化提供了智力支持。如此，行政规范性文件后评估就不再是针对个别文件的"一锤子买卖"，而成为基层治理现代化和基层政府法治发展的一个有机环节。

第四节　行政规范性文件后评估的实施机制优化

行政规范性文件后评估的实施机制也面临着从法律控制向公共政策评估转轨的任务。

审视目前的实践，行政规范性文件后评估在组织领导机制、评估参与机制、结果运用机制三个方面都受"法律控制"这一定位的影响。

在组织领导机制方面，很多地方的后评估制度都规定由司法行政部门（或政策法规部门）负责组织领导。例如，2010 年 7 月发布的《国土资源部规章和规范性文件后评估办法》规定由该部的"政策法规司负责组织实施后评估工作"。[1]又如，2014 年 9 月发布实施的《濮阳市人民政府规范性文件后评估办法》规定由"市政府法制机构协调组织有关规范性文件执行机关及相关学会协会、社会组织等开展后评估工作"。[2]另外，一些地方的后评估制度规定由起草或实施单位组织实施后评估工作，但评估报告最终需要由司法行政部门审核确认。例如，2021 年 2 月发布的《重庆市江北区行政规范性文件制定后评估制度》规定："行政规范性文件评估实施机关应当将评估报告在报告批准后 15 日内向社会公布，并报送区司法行政部门备案。区司法行政部门认为行政规范性文件制定后评估报告所提建议可行、合理的，可以将评估报告的建议报送区人民政府或者向相关机关反馈。"[3]

在评估参与机制方面，法律工作人员是参与行政规范性文件后评估活动的主力军。一方面，各地的制度规定了较为开放的参与渠道。例如，2021 年 2 月发布的《重庆市江北区行政规范性文件制定后评估制度》规定："评估机关可以将后评估工作的全部或者部分事项委托有关高等院校、

---

〔1〕《国土资源部规章和规范性文件后评估办法》（已失效）第 5 条。
〔2〕《濮阳市人民政府规范性文件后评估办法》第 4 条。
〔3〕《重庆市江北区行政规范性文件制定后评估制度》第 12 条第 2 款和第 3 款。

科研机构、社会团体、中介组织等单位实施。"〔1〕又如，2022 年 11 月发布的《北京市石景山区行政规范性文件备案审查与后评估工作规定》指出：行政规范性文件后评估工作可以由评估单位自行组织实施评估，也可以根据需要委托评估机构、高等院校等协助进行评估。〔2〕但另一方面，根据笔者的调查，实际参与后评估工作的，除了司法行政部门、制定或实施单位法治部门的人员，社会上参与的主要是律师事务所的律师和高等院校法学院的行政法专家。

在结果运用方面，评估结果主要用于纠正行政规范性文件中那些明显违法的问题。一方面，各地对后评估结果运用的方式规定得较为笼统。例如，2021 年 2 月发布的《重庆市江北区行政规范性文件制定后评估制度》规定："后评估报告建议完善有关配套制度、改进行政管理方式的，有关机关应当及时采取相应措施予以办理。"〔3〕又如，2022 年 11 月发布的《北京市石景山区行政规范性文件备案审查与后评估工作规定》指出："后评估报告应当作为清理、修改、废止行政规范性文件、完善配套制度和改进行政管理方式的重要依据。"〔4〕它似乎容许后评估结果进行多种形式的运用。但在实践的过程中，法律问题之外的问题很少被提出，法律之外的建议和意见也很少被严肃提出和充分论证，这就导致了评估结果的运用口径较为狭窄。

相应地，应当从公共政策评估的定位出发，对行政规范性文件后评估实施机制进行优化和重塑。优化措施主要包括三个方面：

---

〔1〕《重庆市江北区行政规范性文件制定后评估制度》第 7 条。
〔2〕《北京市石景山区行政规范性文件备案审查与后评估工作规定》第 18 条。
〔3〕《重庆市江北区行政规范性文件制定后评估制度》第 13 条第 4 款。
〔4〕《北京市石景山区行政规范性文件备案审查与后评估工作规定》第 24 条第 1 款。

组织领导	• 由综合部门组织统筹评估工作，拓宽评估口径
评估参与	• 吸纳法律专业外的人士参与评估，摆脱路径依赖
结果运用	• 拓展评估结果使用渠道，发挥评估结果的多重效能

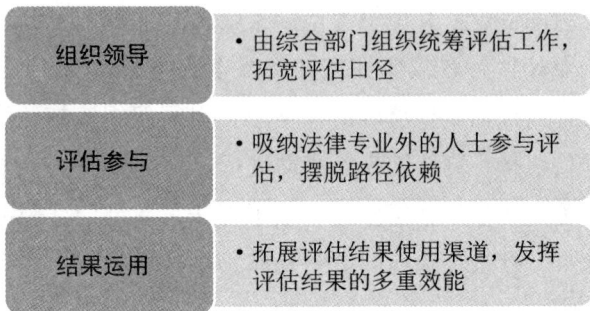

第一，由综合部门组织统筹后评估事宜。评估活动的组织领导主体会对评估标准设定、评估重点选择、评估方式方法形成重要影响。由综合部门来组织领导评估工作，有利于促使评估工作口径更宽、范围更广、方式方法更加系统合理。

从经验的角度看，在实施公共政策评估时，国外较为普遍的做法是由综合性部门或带有监督性质的部门牵头实施评估。例如，美国的行政系统由政府管理和预算办公室（Office of Management and Budget，OMB）组织领导评估事务。[1]立法系统则是由政府问责局（Government Accountability Office，GAO）组织领导评估事务。[2]日本是由总务省负责组织领导评估事宜，其下设"政策评估与独立行政法人评估委员会"承担具体领导组织责任。[3]韩国是由"经济计划委员会"组织领导对经济发展政策的评估，由国务总理"计划与协调办公室"组织领导对政府核心政策的评估。[4]在我国过去十几年的公共政策评估探索中，对于专门领域的政策，一般由行政主管部门组织领导评估事宜。比如，《中央财政科技计划（专项、基金等）绩效评估规范（试行）》规定："科技部、财政部和发展改革委负责制定科技

〔1〕 李志军主编：《公共政策评估》，经济管理出版社 2022 年版，第 169 页。

〔2〕 李志军主编：《公共政策评估》，经济管理出版社 2022 年版，第 170 页。

〔3〕 李志军主编：《公共政策评估》，经济管理出版社 2022 年版，第 180 页。

〔4〕 李志军主编：《公共政策评估》，经济管理出版社 2022 年版，第 191 页。

计划绩效评估规范，统筹指导评估活动，推动评估结果运用。"〔1〕对于综合性政策，一般由政府的办公综合机构会同法治部门组织领导评估事宜。例如，《天津市重大行政决策后评估管理办法》规定，市政府办公厅、市司法局负责全市重大行政决策后评估工作的推动、指导、协调和监督，组织开展市人民政府重大行政决策后评估工作。〔2〕重庆市对政府规章的评估，也采用类似的组织领导机制。〔3〕在行政规范性文件后评估组织领导机制优化建设过程中，可参考以上这些经验。

第二，积极吸纳法律专业人士之外的人员参与评估工作。具体的评估工作依赖于参与者的专业知识和专门方法技能。积极吸纳其他领域的人员参与评估，可以摆脱目前对法律审核技能的过分依赖。

从经验的层面看，在国外的公共政策评估实践中，经常参加评估的专业人士包括经济专家、管理专家、法律专家等社会科学研究人士。另外，一些国家还通过智库建设，培养了一大批跨专业的政策分析师、政策评估师。这些知识结构多元化的评估参与者，保证了专业技能与系统化评估标准的匹配。在我国公共政策评估探索中，一些国家重大政策的评估也积极吸纳行政学院、科学技术协会、工商联、科学院等部门的专家参与，使评估工作具有了合理的人才结构支撑。〔4〕特别值得注意的是，党的十八大之后，中央对智库建设加快部署，一大批专门的智库逐渐发展起来；各高等院校也积极倡导科研工作者走出"象牙塔"，积极从事社会服务工作。以上这些经验和条件，使行政规范性文件后评估扩大参与渠道、广泛吸纳多元评估人才具备了现实可能性。在具体的实践中，一方面，评估活动的组织者应当根据评估对象的特性，组织和吸纳与任务相匹配的专业人士参与评估，保证评估的专业性和深度。另一方面，社会层面应当加强评估人才

〔1〕《中央财政科技计划（专项、基金等）绩效评估规范（试行）》第4条第1款。
〔2〕参见《天津市重大行政决策后评估管理办法》第4条。
〔3〕《重庆市政府规章立法后评估办法》（已失效）第2条。
〔4〕李志军主编：《公共政策评估》，经济管理出版社2022年版，第224页。

的多元供给。高校和科研单位的研究人员应当具备更加积极的社会服务意识，把参与政策分析和政策评估当作社会服务的一项基本内容，并培养、提升参与政策分析和政策评估的实践技能。相关智库应当不断提升服务能力，将服务的覆盖面延伸到基层。通过这些措施，使行政规范性文件后评估工作"有人可用"。

第三，拓宽评估结果的使用渠道，充分发挥评估结果的多重效能。评估结果是评估工作的劳动结晶，对评估结果的使用决定着评估活动的效能状况。有学者把政策评估结果的使用分为三种类型。第一种是"工具性使用"，它致力于"以明确直接的方式根据研究结果行事"，具体包括利用研究结果进行政策的修订或废止，抑或用于对相关人员的问责。第二种是"概念性使用"，它致力于"把研究结果用于一般性启蒙，结果影响行动"，具体包括将评估结果用于相关人员的学习、培训，强化相关主体的政策技能。第三种是"象征性使用"，它致力于"使用研究结果来把预设立场合法化，从而使预设立场得以维持"，具体包括利用评估结果对政策选择进行辩护。[1]对评估结果使用的类型分析给我们提供了很多启示。

在行政规范性文件后评估结果使用环节，可参照以下使用方式：①可将评估结果反馈给文件制定主体，敦促其对问题文件进行修改，或协助其总结文件制定过程中的经验。②可将评估结果反馈给文件实施部门和相关保障部门，敦促其解决实施过程中存在的问题，强化文件实施保障力量，同时，协助其总结实施层面的相关经验。③可将评估结果用于培训行政规范性文件制定人员和实施人员，使其结合评估结果材料，实战性、精准化地加强工作的规范性和充分性，形成工作的自觉性。④可将评估结果用作相关领域政策文件制定实施、立法及其实施的参考资料，用作促进治理创新、法治创新的经验素材。⑤可将评估结果用作行政问责的参考，推进责

---

〔1〕 参见李志军主编：《公共政策评估》，经济管理出版社 2022 年版，第 155 页。

任政府建设。[1]⑥可将评估结果用作撰写政府工作报告的素材，或用作地方治理和地方政府法治宣传教育的素材。

总之，行政规范性文件评估结果是通过严肃评估而获得的重要资料，应当对它实现"应用尽用"，从而"通过政策评估，不断地改进、修订和补充公共政策的内容，使整个公共政策形成'制定—执行—评估—完善'的良性循环"。[2]

公共政策评估是一个"家族"。在这个"家族"谱系中，存在着不同的评估活动类型。审视我国的评估实践，我国目前已经进行了国家重大社会经济政策评估、地方重大行政决策评估、法律法规实施后评估、行政规范性文件实施后评估，除此以外，地方政府绩效评估、廉政治理绩效评估也逐步展开。在继续推进行政规范性文件后评估的过程中，我们需要做一些"仰望星空"的工作，使目前"不自觉"的评估实践实现变成"自觉"的评估实践，把公共政策评估领域积累起来的成熟经验"引流"到具体的行政规范性文件后评估活动中，从实现行政规范性文件后评估"共性"与"个性"的有机结合。

---

〔1〕　参见陈国权等：《责任政府：从权力本位到责任本位》，浙江大学出版社 2009 年版，第179 页。

〔2〕　李志军："加快构建中国特色公共政策评估体系"，载《管理世界》2022 年第 12 期。

一、政策文件类

1. 《国土资源部规章和规范性文件后评估办法》2010 年（已失效）。

2. 《达州市人民政府办公室关于开展重大行政决策及规范性文件后评估工作的通知》（2010 年）。

3. 《昆山市规范性文件实施效果评估办法》（2010 年）。

4. 《江苏省司法厅规范性文件后评估办法（试行）》（2010 年）。

5. 《淮安市规范性文件后评估办法》（2011 年）。

6. 《党政机关公文处理工作条例》（2012 年）。

7. 《常州市规范性文件实施情况后评估办法》（2013 年）。

8. 《揭阳市行政机关规范性文件评估清理工作规定》（2014 年）。

9. 《南通市人民政府办公室关于进一步做好市政府规范性文件后评估工作的通知》（2015 年）。

10. 《北京市通州区行政规范性文件管理规定》（2015 年）。

11. 《盐城市规范性文件实施效果评估办法》（2015 年）。

12. 《沧州市规范性文件评估清理工作规定》（2016 年）。

13. 《潍坊市政府规章和规范性文件评估办法》（2016 年）。

14. 《国务院办公厅关于加强行政规范性文件制定和监督管理工作的通知》（2018 年）。

15. 《咸宁市行政规范性文件实施后评估办法》（2018 年）。

16. 《濮阳市人民政府规范性文件后评估办法》（2020 年）。

17.《北京市西城区行政规范性文件管理办法》（2020 年）。

18.《重庆市丰都县行政规范性文件制定后评估制度》（2020 年）。

19.《湖州市水利局行政规范性文件制定后评估制度》（2020 年）。

20.《杭州市卫生健康委员会 2021 年度行政规范性文件施行后评估报告》（2021 年）。

21.《重庆市江北区行政规范性文件制定后评估制度》《2021 年》。

22.《贵阳市南明区行政规范性文件后评估制度（试行）》（2022 年）。

23.《北京市房山区琉璃河镇行政规范性文件制定和监督管理办法》（2022 年）。

24.《红河哈尼族彝族自治州屏边县行政规范性文件制定后评估制度》（2022 年）。

25.《北京市石景山区行政规范性文件备案审查与后评估工作规定》（2022 年）。

26.《衡阳市南岳区行政规范性文件后评估制度（试行）》（2023 年）。

二、学术论文类

1. 吴撷英、甘超英："美国国会立法否决权的兴衰——兼论美国立法与行政的关系"，载《中外法学》1989 年第 1 期。

2. 刘俊祥："西方国家抽象行政行为的司法审查制度"，载《西南政法大学学报》2000 年第 5 期。

3. 彭国甫："地方政府绩效评估程序的制度安排"，载《求索》2004 年第 10 期。

4. 崔丹丹："环环相扣——浅谈绩效评估程序的完善"，载《甘肃农业》2006 年第 11 期。

5. 龙晓林："美国行政立法后评估概况"，载《探求》2008 年第 1 期。

6. 郑宁："我国行政立法评估制度的背景与价值探析"，载《行政法学研究》2010 年第 4 期。

7. 宋晓玲、刘一雅："论行政规范性文件的缺陷及其矫治"，载《甘肃政法学院学报》2011 年第 3 期。

8. 齐睿、李宇凯："国土资源规章和规范性文件后评估制度探析——基于制度变迁的视角"，载《中国地质大学学报（社会科学版）》2012 年第 2 期。

9. 章志远、朱渝："行政规范性文件后评估立法面向问题研究"，载《江淮论坛》2012 年第 6 期。

10. 尹媛："重大行政决策实施后评估制度的研究"，载《湖北警官学院学报》2013 年第 3 期。

11. 熊樟林："裁量基准制定中的公众参与———一种比较法上的反思与检讨"，载《法制与社会发展》2013 年第 3 期。

12. 梁玥："地方政府重大行政决策后评估制度研究"，载《苏州大学学报（哲学社会科学版）》2013 年第 5 期。

13. 周黎安："行政发包制"，载《社会》2014 年第 6 期。

14. 张德森："法治评估的实践反思与理论建构——以中国法治评估指标体系的本土化建设为进路"，载《法学评论》2016 年第 1 期。

15. 周祖成、杨惠琪："法治如何定量——我国法治评估量化方法评析"，载《法学研究》2016 年第 3 期。

16. 何志强、邱佛梅："国内法治评价指标体系：现状与评析"，载《华南理工大学学报（社会科学版）》2016 年第 3 期。

17. 王称心："立法后评估标准的不同视角分析"，载《学术交流》2016 年第 4 期。

18. 袁建涛："构建行政规范性文件后评估体系"，载《湖南行政学院学报》2016 年第 5 期。

19. 谭玮、郑方辉："法治社会指数：评价主体与指标体系"，载《理论探索》2017 年第 5 期。

20. 郑方辉、罗骁："法治社会第三方评价：体系、实证与审视"，载《理论探讨》2018 年第 3 期。

21. 杜维超："论新时代法治评估的区域化转向"，载《法治现代化研究》2018 年第 6 期。

22. 王浩："论我国法治评估功能的类型化"，载《河北法学》2018 年第 12 期。

23. 康兰平："中国法治评估量化方法研究的龃龉与磨合"，载《东北师大学报（哲学社会科学版）》2019 年第 1 期。

24. 张霞："以科学思维完善法治评估"，载《人民法治》2019 年第 5 期。

25. 王利军："论法治评估功能的定位"，载《法学杂志》2019 年第 6 期。

26. 王利军："论法治评估指标设计的基本原则"，载《西南民族大学学报（人文社会科学版）》2019 年第 9 期。

27. 伍德志："论法治评估的'伪精确'"，载《法律科学（西北政法大学学报）》2020 年第 1 期。

28. 姜永伟："法治评估的科层式运作及其检视——一个组织社会学的分析"，载《法学》2020年第2期。

29. 曾赟："法治评估的有效性和准确性——以中国八项法治评估为检验分析对象"，载《法律科学（西北政法大学学报）》2020年第2期。

30. 陈仪："行政规范性文件后评估制度及其完善"，载《山东科技大学学报（社会科学版）》2020年第6期。

31. 孙波："论行政立法后评估制度的完善"，载《江西社会科学》2020年第11期。

32. 许玉镇、郝丽："行政决策后评估与决策问责有效衔接的内在逻辑与实践机制——基于党的十八大以来决策问责案例的质性分析"，载《吉林大学社会科学学报》2021年第1期。

33. 钱焰青："论新时代行政规范性文件的正当性及其界限"，载《中国法律评论》2021年第3期。

34. 李志军："加快构建中国特色公共政策评估体系"，载《管理世界》2022年第12期。

35. ［美］马克·霍哲："公共部门业绩评估与改善"，张梦中译，载《中国行政管理》2000年第3期。

三、学位论文类

1. 牛力维："公共视阈下的地方政府规章和规范性文件后评估初探"，西北大学2009年硕士学位论文。

2. 王新亮："'日落条款'视野下的地方立法后评估常态化研究"，西南政法大学2015年硕士学位论文。

3. 李成："地方立法后评估制度研究"，华南理工大学2016年硕士学位论文。

4. 谭玮："法治社会评价体系研究"，华南理工大学2017年博士论文。

5. 刘琦："环境法立法后评估的法理研究"，中南财经政法大学2017年博士论文。

6. 杨婷："法治社会建设评估研究"，中共中央党校2021年博士论文。

四、会议稿件类

1. 莫晓辉："国土资源部规章和规范性文件后评估工作回顾与展望"，引自"公共政策与立法第三方评估研讨会暨北京城市学院众城智库（城镇化研究室）成立大会"，2015 年 6 月 7 日。

五、专著类

1. 汪全胜：《立法效益研究——以当代中国立法为视角》，中国法制出版社 2003 年版。

2. 何凤秋：《政府绩效评估新论》，中国社会出版社 2008 年版。

3. 俞荣根：《地方立法后评估研究》，中国民主法制出版 2009 年版。

4. 陈汉宣、马骏、包国宪：《中国政府绩效评估 30 年》，中央编译出版社 2011 年版。

5. 任尔昕：《地方立法质量跟踪评估制度研究》，北京大学出版社 2011 年版。

6. 史建三：《地方立法后评估的理论与实践》，法律出版社 2012 年版。

7. 汪全胜：《立法后评估研究》，人民出版社 2012 年版。

8. 莫于川：《地方行政立法后评估制度研究》，广东人民出版社 2012 年版。

9. 郑宁：《行政立法评估制度研究》，中国政法大学出版社 2013 年版。

10. 胡峻：《行政规范性文件绩效评估研究》，中国政法大学出版社 2013 年版。

11. 姜明安：《法规审查与法规评价研究》，北京大学出版社 2014 年版。

12. 杨临宏：《立法学：原理、制度与技术》，中国社会科学出版社 2016 年版。

13. 姜国兵：《政府绩效评估》，暨南大学出版社 2016 年版。

14. 李向东：《行政立法前评估制度研究》，中国法制出版社 2016 年版。

15. 窦衍瑞、王建文：《行政法治与政府绩效评估法治化研究》，中国政法大学出版社 2016 年版。

16. 郑维川、杨润新：《地方性法规立法后评估实证研究》，中国政法大学出版社 2017 年版。

17. 钱弘道：《法治评估及其中国应用》，人民出版社 2017 年版。

18. 岳海翔：《党政机关公文标准与格式应用指南：解读案例模板》，人民邮电出版社 2019 年版。

19. 程琥：《法治政府评估研究》，中国法制出版社 2019 年版。

20. 张小峰、刘显睿：《高效能政府绩效评估体系》，复旦大学出版社 2020 年版。

21. 马亮：《第三方评估、绩效排名与政府循证管理》，江苏人民出版社 2021 年版。

22. 李志军：《公共政策评估》，经济管理出版社 2022 年版。

23. 中国政法大学法治政府研究院：《中国法治政府评估报告（2021~2022）》，社会
科学文献出版社 2023 年版。

24. ［美］罗斯科·庞德：《法理学》（第 1 卷），余履雪译，法律出版社 2007 年版。

25. ［美］威廉·N. 邓恩：《公共政策分析导论》（第 4 版），谢明、伏燕、朱雪宁译，
中国人民大学出版社 2011 年版。

26. ［美］西奥多·H. 波伊斯特：《公共部门绩效评估》，肖鸣政译，中国人民大学出
版社 2016 年版。